U0836526

中國國際扶貧中心
International Poverty Reduction Center in China
IPRCC

中国经济增长质量与减贫

张德亮　等著

中国财政经济出版社

图书在版编目（CIP）数据

中国经济增长质量与减贫/张德亮等著.—北京：中国财政经济出版社，2013.2

ISBN 978-7-5095-4225-5

Ⅰ.①中…　Ⅱ.①张…　Ⅲ.①中国经济-经济增长-研究　Ⅳ.①F124

中国版本图书馆 CIP 数据核字（2012）第 318372 号

责任编辑：孙　琛　　　　责任校对：胡永立
封面设计：汪俊宇　　　　版式设计：兰　波

中国财政经济出版社 出版

URL：http：//www.cfeph.cn

E-mail：cfeph @ cfeph.cn

（版权所有　翻印必究）

社址：北京市海淀区阜成路甲 28 号　邮政编码：100142

营销中心电话：88190406　北京财经书店电话：64033436　84041336

北京财经印刷厂印刷　各地新华书店经销

787×1092 毫米　16 开　9.5 印张　156 000 字

2013 年 3 月第 1 版　2013 年 3 月北京第 1 次印刷

定价：28.00 元

ISBN 978-7-5095-4225-5/F·3440

（图书出现印装问题，本社负责调换）

本社质量投诉电话：010-88190744

前　言

发展中国家的减贫动力主要有两个，一个是经济增长，另一个是收入分配。其中，经济增长是减贫的主要驱动源，是做大“蛋糕”的唯一途径。但是，同样的经济增长促成的减贫效果却不一样，甚至差别很大。为了探求其中存在的秘密，1999 年，世界银行专家托马斯和王燕等出版了《增长的质量》一书，开始从增长质量的视角分析经济增长和减贫的关系。

在过去 30 多年中，中国高速的经济增长大大缓解了贫困。在此过程中，人们认识经济增长与减贫的关系大多停留在经济增长的速度与减贫的关系上，往往忽视了经济增长的质量与减贫的关系。2011 年，中国政府颁布了《中国农村扶贫开发纲要（2011 - 2020 年）》，开始了新一轮的农村扶贫开发工作。为加深人们对经济增长质量与减贫关系的理解，中国国际扶贫中心于 2011 年把第五届“中国—东盟社会发展与减贫论坛”主题定为“经济增长质量与减贫”，并在此主题下设置了中国案例课题进行研究。

本书是基于 2011 年中国国际扶贫中心课题组为第五届“中国—东盟社会发展与减贫论坛”撰写的主题报告修改完善而成。具体分工为：张德亮撰写第 1 章、第 2 章第 1 节以及第 7 章；王燕（世界银行高级经济学家，中国国际扶贫中心与 OECD - DAC 联合成立的“中国—发展援助委员会研究小组”协调员）撰写第 2 章第 2 节；王小林撰写第 3、4、9 章；徐丽萍、王小林撰写第 5 章；于敏、王小林撰写第 6 章；贺文慧（安徽大学）、李静（合肥工业大学）撰写第 8 章。

本书不代表中国国际扶贫中心以及任何机构的官方意见，书中的观点由各章撰写人员负责，不妥之处欢迎读者批评指正。

目录

摘 要

本书将经济增长质量定义为，降低极端贫困，缩小经济结构失衡，保护环境，从而维持自身增长过程的模式。重点研究增长对于降低极端贫困的两个重要方面：利贫性（pro－poor）和包容性（inclusive），以及结构问题。

通过对中国经济增长与减贫成就和中国经济结构的分析，以及2000年以来经济增长的利贫性和包容性分析，得到以下主要结论：

1. 1978－2010年，中国成功实现了GDP年均近10%的增长，在短短三十多年，由一个积贫积弱的国家跃升为中等收入国家。GDP总量位居全球第二，贫困人口大规模减少。按照中国官方贫困线（1274元/年，2010年价格），2010年贫困人口减少到2688万人，贫困发生率2.8%。

2. 中国的经济增长不仅大幅度减少了贫困人口（从收入或消费视角来看），而且带来了贫困人口生活水平和质量的全面提高。主要表现为，贫困人口耐用消费品不断增加，教育和健康不断改善，饮用水困难和安全饮用水得到改善，农村基础设施明显改善。到2010年，即使是国家贫困县，通公路的自然村比例也能达到 88.1%，通电的自然村比例达到 98.0%，通电话的自然村比例达到 92.9%，能接收电视节目的自然村比例达到 95.6%。

3. 中国大规模减贫的根本经验在于从自主创新的制度、农业生产技术进步、开发式扶贫和社会保障体系等一系列有利穷人的制度和政策安排，大大减少了致贫的因素和贫困发生率。在自主创新的制度方面，赋予农民生产、交换、流动的权利；通过农业生产技术进步提高粮食产量；大规模开发式扶贫培育农民自身发展能力，农村社会保障政策保障基本生存。不断提高的教育和健康水平，促进人力资本不断形成和积累。其中自主的制度创新并赋予农民权利是中国大规模减贫的根本，农业技术进步是基础，开发式扶贫和社会保障体系是保障。三方面的有效结合形成了具有中国特色的减贫模式。

4. 2001 年加入 WTO 之后，中国经济结构发生了明显变化。其基本特征呈现为：国民经济增长与城乡居民收入增长不再同步，政府、企业和居民之间收入分配不相协调。居民收入增长缓慢，消费需求拉动经济增长不足。政府主导的固定资产投资比例仍然偏高。当前中国间接税比例高达 61%，过高比例的间接税造成税负的不公平和收入分配的不公平，不利于提高贫困人口的生活水平。

5. 按照本书定义的利贫增长概念和测量方法，从全国农村来看，2000 - 2010 年经济增长是不利贫的。按照 4 个增长期来划分，2000 - 2002 年，2006 - 2008 年，2008 - 2010 年三个增长期不利贫，2003 - 2005 年增长期利贫。从收入结构来看，工资性收入、财产性收入和转移性收入是利贫的，但家庭经营性收入增长是不利贫的。这也在一定程度上反映了 2001 年以来，中国加入 WTO 之后对农村家庭经营的负面影响。全国农村增长的不利贫主要是因为宏观经济结构的不利贫造成的。2003 - 2005 年增长期利贫原因主要归功于农村税费改革等惠农政策的实施。2006 年以来，国家出台了许多惠农政策，对扭转宏观经济增长的不利贫性起到了十分重要的作用。否则，增长将更加不利于穷人。

6. 592 个国家扶贫开发重点县经济增长是利贫的。在三个增长期中，前两个增长期，即 2003 - 2005 年和 2006 - 2008 年是利贫的；第三个增长期，2008 - 2010 年是不利贫的。总的来说，592 个重点县增长有利于穷人，说明过去十年国家扶贫开发的重要性以及成就。但需要指出的是，在三个增长期中，增长率收益逐期递减，金融危机以来（2008 - 2010 年）出现增长率损失，即不利贫。国家扶贫开发重点县增长率收益递减，说明新阶段扶贫工作将面临更大的挑战。这将要求政府在更加宏观的层面上制定有利于穷人增长的政策。

7. 本书把包容性增长界定为机会平等的增长，包括四个维度：可持续的增长，获得经济机会的公平，解决收入贫困以及收入公平，社会保障的价值公平。包容性增长指数测量表明，20 世纪 90 年代以来，中国经济增长的包容性取得了进步。包容性增长指数从 1990 年的 60.4 上升到 2009 年的 65.25。另一方面，中国包容性增长的进程是缓慢的，并且总体水平比较低，除了可持续经济增长、解决收入贫困进步较快外，就业机会、教育和社会保障这些指标虽都在呈上升趋势，但指标水平仍比较低。从增长阶段看，1990 年至 2000 年包容性增长进步较快，2000 年以来包容性增长进步较慢，这与利贫性测量的结果也相符合。

根据上述研究结论，本书提出以下相关政策建议：

1. 调整收入分配关系，加快城乡居民收入增长。一是调整政府、企业和居民三者之间的利益分配关系，加快城乡居民收入增长，使城乡居民收入与国民经济增长同步。二是调整地区之间的分配关系，动员政府、企业和非政府资源，促进东部发达地区的生产要素向中西部欠发达地区流动，促进地区间均衡发展。三是建立城市资本、信息、技术、人才等要素向农村流动的机制，加快农村发展步伐，扭转城乡发展差距与结构失衡。

2. 调整就业结构，加快第三产业发展。在第二产业进行产业结构升级的过程中，越来越趋向于技术和资本密集，这就要充分发挥第三产业就业的优势。一是加快城镇化建设，通过城镇化带动第三产业发展；二是创造有利于微型、小型服务业发展的制度环境；三是千方百计鼓励自我创业，特别要鼓励从事环境保护、减贫、教育、卫生等社会服务企业的创业与发展。

3. 改革税制结构，使税负更加公平。提高直接税比例，使直接税与间接税比例趋于合理。通过税制结构改革，减轻贫困人口的税负，提高贫困人口的消费能力。特别是对于富人而言，要通过提高直接税而使税负合理。

4. 加大对微型企业的扶持力度，促进就业。微型企业是一种雇员人数少、产权和经营权高度集中、产品服务种类单一、经营规模微小的企业组织，具有创业成本低、就业弹性空间大、成果见效快等特点。微型企业的发展，有利于更多的失业人员和贫困人口有机会就业和发展，有利于缓解社会就业压力。因此，建议：各地方政府因地制宜，对微型企业的从业人数、注册资金、经营种类等进行科学合理地分类，提供相应的注册登记、税收和金融服务、共享技术服务平台等方面的指导和服务，促进微型企业发展。

5. 让贫困人口获得更加公平的公共服务，促进社会包容。在教育方面，加强政府对贫困地区学前教育和幼儿园教育的公共投资以及师资力量的配备；利用有条件的转移支付，支持大学生到贫困村支教；加大区域内教师资源的均衡配置，让贫困人口也能够享有比较公平的教育服务。打破教育资源身份和等级的固化代际传递。在卫生方面，加强贫困地区卫生人力资源的培训，开展有条件的转移支付，鼓励医科大学生到贫困农村支医，缓解贫困地区卫生人力资源不足的局面。

6. 加大对贫困地区的开发力度，促进经济增长的利贫性和包容性。政府过去十年对 592 个国家扶贫开发重点县的扶贫开发，对促进经济增长的利贫性和包容性起到了十分积极的作用，加上大量的惠农政策，有效扭转了宏观经济结构的不利贫性。因此，建议：加大对 14 个连片特困地区的扶贫开发力度，促进连片特困地区区域经济更快地增长；加大对贫困县的扶持力度，促进贫困县经济又好又快发展；加大对贫困村的整村推进力度，特别是要将产业发展、基础设施、社会发展以及环境治理综合考虑。

第1章

引 言

1.1 问题提出

资源的稀缺性与人口的不断增长形成一对矛盾。个人获取资源能力的差异与制度安排的不平衡，共同导致资源的分配和发展成果的分享不均。贫困就是在这种背景下产生并存在的一种社会现象。

近年来，很多发展中国家经济都呈现快速增长之势。例如，在过去30多年，中国的经济增长速度年平均高达9%以上，当然，还有一些其他发展中国家经济增长也很类似。经济的增长大大促进了发展中国家贫困人口的减少和社会的发展。在发展中国家反贫困的过程中，人们认识到：经济增长是解决资源稀缺性与人口增长矛盾，减少和缓解贫困的一种必要手段。

但是，人们在不断追求经济增长数量扩展的过程中，出现了一系列问题：如收入差距不断扩大、经济结构失衡、资源短缺和生态环境破坏、经济增长的不可持续性等，这些问题反过来制约着经济的进一步增长。在这种背景下，学术界和各国政策制定者开始关注经济增长的质量问题。经济增长质量是相对经济增长数量而提出的一个概念，是经济增长本身（包括增长过程和结果）所具有的一种内在质的属性。在提及经济增长概念时，人们往往忽略经济增长是一个量和质的统一体，曾一度把经济增长数量视为经济增长的主要甚至全部内容。

经济增长数量在增加，但并不能保证经济增长的质量也在提升，也不能保证能够促进减贫。经济增长与减贫关系的研究虽然不少，但主要停留在研究经济增长数量与减贫之间关系的论证上。经济增长质量与减贫有何关系，如何来分析这种关系，以及两者之间的作用机制到目前研究还不多，甚至还没有建立这两者之间的有效分析框架。

在使用不同的途径促进经济增长质量改善的同时，如何让更多民众从经济增长中获益，特别是让穷人分享到增长的成果，已经成为各国学术讨论的热点、老百姓关注的问题、政府亟需应对的挑战。如何来促进经济增长质量的提高，让穷人收入增长速度快于非穷人收入增长速度，让穷人与非穷人面临平等的就业、医疗、教育等基本公共服务机会，加快减贫进程，缩小社会发展差距已经成为发展中国家亟需解决的问题。

中国作为发展中国家中的一个大国，其发展状况有一定的代表性。研究中国经济增长的质量与减贫相关问题，对于完善中国国家减贫战略和政策十分必要。同时，对于其他发展中国家加深对中国的了解，参考借鉴中国的有益做法具有非常现实的意义。

1.2 研究的目标与内容

1.2.1 研究目标

本书的主要目标是以中国为例来探讨国家在促进经济数量增长的过程中可能出现的经济增长质量问题，这些质量问题进而影响减贫效果；探讨促进经济数量增长的同时，提出改进经济增长质量的政策措施，进而推动减贫。

具体的研究目标包括：一是建立在提高经济增长质量背景下促进持续减贫的理论分析框架和作用机制；二是以中国为例，全面透彻地分析中国经济增长质量各种属性与贫困之间的关系，以及实践中在促进经济数量增长的同时，可能带来的经济增长质量问题，进而总结中国促进经济增长带动减贫的经验和教训；三是提出改进中国经济增长质量、促进减贫的具体政策建议。

1.2.2 研究内容

本书包括 9 章内容：

第 1 章为引言，主要说明研究的背景和问题，研究的目标和内容，技术分析路线和主要研究方法。

第 2 章为文献综述和概念框架，首先对经济增长质量与减贫的文献进行回顾，建立起经济增长质量与减贫之间的研究分析框架。其次，建立一个经济增长质量分析的概念框架。概念框架主要从国际视角分析经济增长质量的重要性，以及从增长理论来关注经济增长模式。合适的经济增长模式离不开必要的经济增长质量要素。这部分内容对于开阔读者视野，分析传统经济增长理论，引入经济增长质量概念，探讨高质量的经济增长模式至关重要。

第 3 章总体介绍了中国经济增长与减贫成就（1978－2010），分析了 30 多年来中国经济增长对减贫的巨大促进作用，中国减贫取得的重大贡献以及形成的减贫经验。

第 4－7 章从减贫的视角对中国经济增长的质量进行分析判断。第 4 章分析中国经济增长结构，第 5 章分析中国经济增长的利贫性，第 6 章分析中国经济增长的包容性，第 7 章分析中国经济增长的资源环境代价与减贫。

第 8 章为贫困县经济增长质量研究：安徽案例。

第 9 章是研究结论和政策建议。

1.3 技术路线与研究方法

1.3.1 技术路线

技术路线图（图 1.1）表述了本书的分析思路：首先梳理出经济增长质

量与贫困两者的联系及作用机制；然后，用中国的情况来细化分析经济增长的质量要素与减贫的关系和作用机制；最后，提出系列政策建议。

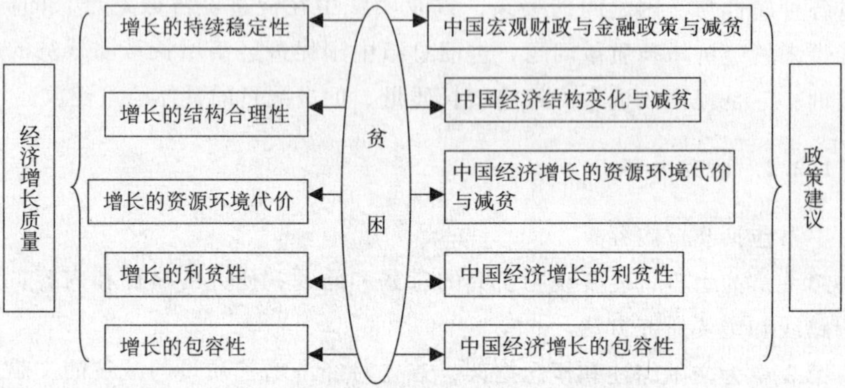

图 1.1　技术路线

1.3.2　研究方法

本书主要采取结构分析法和计量分析法来分析和判断中国经济增长质量。

结构分析法。本书结合经济学理论传统的结构分析法以及新结构分析法，对中国过去 30 多年的经济结构分析判断。并建立了一个基于层次分析的包容性（inclusive）测量模型，对中国经济增长的包容性进行了测量。

计量分析法。采用了中国农村居民以及 592 个国家扶贫开发重点县收入五等分数据，建立了利贫性（Pro - poor）计量模型，进行了利贫性测量。

第2章 文献回顾与概念框架

2.1 文献回顾

2.1.1 经济增长质量内涵

经济增长质量是相对于经济增长数量而提出的一个概念。在经济增长理论发展历程中，人们忽略了经济增长是一个量和质的统一体，曾一度把经济增长数量当成经济增长的主要内容，提到经济增长就让人们想到经济增长数量的扩张，很少提及经济增长质量的提高。如经济增长的定义：一定时期内一国或地区生产出来的产品和提供的劳务总水平的增加，通常由GDP衡量。但随着历史的推移，人们在不断追求经济增长数量扩展的过程和实践中出现了一系列问题，如不断扩大的收入差距、经济结构失衡、资源短缺和生态环境破坏、经济增长数量的可持续性等，这些问题让一些研究人员开始反思，应该把它们纳入经济增长的内涵中来，不再仅仅用增长数量来衡量经济增长。

经济增长质量涵义的扩展经历了一个逐步发展的过程。一些研究者主要从狭义上定义经济增长质量，如把它定义为经济增长的效率（卡马耶夫，1983；王积业，2000；刘亚建，2002；康梅，2006）。再如把经济增长质量定义为经济增长所带来的经济效益和社会效益（杜家远、刘先凡，1991）。狭义经济增长质量核心内容是资源要素投入比例、经济增长效果或经济增长效率。对于一定时期的经济活动而言，给定投入下产出越多则表明经济增长的效率越高，经济增长的质量越好。狭义经济增长质量的提高，体现的是经济增长方式的转变问题。卡马耶夫（1983）从政治经济学范畴讨论了经济增长的实质，认为仅从增加经济增长数量的角度来分析经济增长的问题是不够的，同时还应当看到我们是以什么样的代价取得增长的，要在经济增长的速度和质量的互相联系中考察经济增长问题。他将经济增长质量理解为在发达社会主义条件下，在社会总产品的扩大再生产过程中，所使用资源的规模及其利用效率的变化。经济增长不只包含着对统一完整的国民经济综合体有代表性的经济过程，而且还取决于全部生产资源和非生产资源的利用效率。王积业（2000）认为经济增长过程是由生产要素积累和资源利用效率改进共同作用的结果。生产要素积累是指资本和劳动力在数量上的不断增加，是经济增长实现数量扩张的主要源泉，而资源利用效率的改进是指资本、劳动等生产要素更加有效的使用，构成经济增长质量提高的主要源泉。决定经济增长的这两种因素既相互联系又相互区别，共生于经济增长的过程之中。在一定时期中由于这两种因素作用的力度不同，使得经济增长或是以数量扩张为主，或是以质量提高为主，从而相应形成粗放型和集约型两种形态。刘亚建（2002）认为经济增长速度反映的是经济增长的总量变动，而经济增长质量可以理解为效率的同义语，是指单位经济增长率所含有的剩余产品量，在单位经济增长率中投入的资金物质越少，就意味着经济增长质量越高。他认为质量高的经济增长率即使只以中速增长，也能使国民财富明显增长；而质量低的经济增长率即使以很高的速度增长，其能满足的社会需要也不如高质量下的中速增长。

另一些研究者则是从更宽的视角来界定经济增长质量的，认为它是相对于经济增长数量而言的一个概念，具有丰富内涵（Vinod Thomas，2000；Robert J. Barro，2002；彭德芬，2002；刘树成，2007）。Vinod Thomas（2000）认为经济增长质量作为发展速度的补充，是构成经济增长进程的关键性内容，比如机会的分配、环境的可持续性、全球性风险的管理以及治理结构，并从福利、教育机会、自然环境、资本市场抵御全球金融风险的能力以及腐败等角度对各个国家和地区的经济增长质量进行比较。他发现即使相近的经济增长率也给人民的福利带来截然不同的结果，这说明过去的经济政策往往偏重于考虑增加实物资本的投资规模，而忽视了这仅是构成高质量增长的众多重要因素中的一项，其实同种重要的因素还包括对人力资本和社会资本的投资，以及对自然资源和环境资本的投资。Robert J. Barro（2002）将经济增长质量看作是相对于经济增长数量而言的，也给予增长质量一种很宽泛的概念，认为经济发展是与经济增长数量紧密相关的经济方面的因素，而经济增长质量则是与经济增长数量紧密相关的社会、政治及宗教等方面的因素。经济发展从根本上反映了人均 GDP 的增长，其基本测量指标为人均 GDP 的对数、教育年限以及城市化率。而经济增长质量作为与经济增长紧密相关的社会、政治及宗教等方面的因素，具体包括教育水平、预期寿命、健康状况、法律和秩序发展的程度以及收入水平等。彭德芬（2002）认为经济增长质量范畴是相对于经济增长数量而言的一个动态概念，是指一个国家伴随着经济的数量增长在经济、社会和环境等方面所表现出的优劣程度，具体包括经济增长的持续性和稳定性、经济结构状态、经济增长效率、居民生活以及生态环境等方面的内容。刘树成（2007）认为提高经济增长的质量是指不断提高经济增长态势的稳定性，不断提高经济增长方式的可持续性，不断提高经济增长结构的协调性，不断提高经济效益的和谐性。他指出经济增长的数量与质量是一个有机统一的整体，经济增长质量与数量持续性紧密相关。

关于经济增长质量内涵的认识仍在不断深化。但在认识经济增长质量的过程中，一部分研究者很容易把影响经济增长质量的因素等同于经济增长质量的内涵，把其内涵过度扩大化，如 Robert J. Barro（2002）的界定。实际上，经济增长的质量是经济增长本身（包括增长过程和结果）所具有的一种内在质的属性。当前，对经济增长的质量特征，或者其判定标准包括：经济增长的稳定持续性、经济增长的资源环境代价、经济增长的结构均衡性（钞小静，2010）。本书认为，经济增长质量还应该包括经济增长的利贫性和经济增长的包容性。从经济增长质量的判定标准来看，经济增长质量类似经济发展，但它又不同于一般的发展概念。经济增长质量是经济增长的特性描述，与经济增长数量一样。经济发展是经济建设的目标，是社会全面发展的一个方面。

2.1.2 经济增长质量的判定标准

经济增长的质量是关于经济增长的稳定持续性、经济增长的利贫性、经济增长的资源环境代价、经济增长的结构均衡性以及经济增长的包容性等特征的函数（钞小静，2010）。下面，对几个经济增长质量判定标准进行细化分析。

经济增长的稳定持续性。经济增长的内在稳定性是相对于经济波动而言，指经济增长没有出现“大起大落”的剧烈和频繁的起伏波动。由于经济波动会带来衰退、失业和通货膨胀以及国际收支不平衡等问题，所以增长的稳定持续性对增长而言至关重要。经济波动与政治周期和宏观调控（通常动用货币政策和财政政策进行调节）密切相关。经济增长的稳定性影响经济增长质量的作用路径为：（1）过度的经济波动会破坏经济长期稳定增长的内在机制，导致供求关系和经济增长的结构失衡，从而造成资源的巨大浪费，以致影响经济增长的质量。（2）过度的经济波动会造成产出水平、价格水平或者就业水平发生剧烈波动，一方面部分居民的福利水平受到影响，如价格水平的上涨导致居民消费、医疗、住房等问题都受到负面影响。一部分学者经过研究得出结论认为经济增长稳定性的增强有助于提高居民的消费水平（Mankiw，1988；Ramey 和 Ramey，1991）。另一方面，如果经济波动的幅度远超过适度范围，则处于弱势地位的那部分居民就会面临被边缘化的风险，社会财富不平等程度增加，从而经济增长质量降低。（3）过度的经济波动会造成经济增长成本的增加，从而影响经济增长的质量。一些学者通过改进的 Lucas 模型得到了较大的经济波动的福利成本（Ayse Imrohoroglu 和 Selahattin Imrohoroglu，1997；Dolmas，1998；Epaulard 和 Pommeret，2003）。经济增长的稳定性测量指标通常用产出波动、价格波动和就业波动方面的指标，如经济波动率、通货膨胀率和失业率。

经济增长的结构均衡性。经济增长的结构能充分反映构成经济增长各要素之间的关系结构，它通过影响资源的配置、国民经济的中间消耗、经济的波动以及福利水平的变化，进而影响经济增长的数量和质量。经济增长的结构是从经济增长的过程上来反映经济增长质量的。经济增长的结构涉及产业结构、经济区域结构、经济增长的促成因素结构等。其对经济增长质量的影响作用路径为：（1）经济增长结构的优化有利于改善资源的配置状况，降低国民经济的中间消耗，从而提高经济增长的效率，促进经济增长质量的提高。（2）经济结构的优化有助于抑制经济增长的大幅波动，保持经济增长的持续稳定性，从而提高经济增长的质量。（3）经济增长结构的优化有助于改善一部分居民的福利水平，从而提高经济增长的质量。经济增长的结构均衡性的度量包括系列指标：从产业结构的角度看，包括工业化率、三次产业比较劳动生产率等；从区域结构看，反映城乡二元结构二元对比系数、二元反差系数等；从经济增长的主要促成要素看，投资、消费、进出口对经济增长的贡献率等。但是，经济结构的均衡性是个价值判断，经济结构往往与特定的增长模式相联系，增长模式是特定的经济结构的组合。在研究实践中，经济增长的模式更受到关注，而不是简单的经济结构调整。

经济增长的利贫性。看经济增长是否有利于穷人的研究始于20世纪50年代，世界银行关于增长再分配的文章（Chenery等，1974）明确提出有利于穷人增长的概念，较早地把经济增长与贫困联系在一起。“涓流效应”（Trickle Down）是那时支持经济增长会自动惠及穷人的理论，理论认为富人在经济增长中首先受益，并且受益大于穷人。世界银行1990年发布的世界发展报告中多次提到有利于穷人的增长。亚洲开发银行1999年发布报告：“抗击亚洲和太平洋地区的贫困：减贫战略”，其中指出有利于穷人的增长是这样一个增长，它能够吸纳人口就业，并且伴有能减轻不平等、增加穷人（尤其是妇女和那些传统上受排斥的人群）收入和就业的政策和项目。Dollar和Kraay（2000）以80个国家过去40年的数据研究发现穷人收入的增长率和全社会收入增长率是1∶1的关系。这个结果意味着不管增长的特性如何，增长都是有利于穷人的。这也意味着政府不需要采取有利于穷人的政策。Ravallion and Chen（2003）总结经济增长利贫性的定义主要有两类：一是能够减少贫困的经济增长就是利贫性的增长（绝对）；二是贫困人口收入增长速度高于非贫困人口的增长速度，或者贫困人口的受益比例高于非贫困人口的受益比例（相对）。利贫增长一方面可以考察经济增长是否增加了贫困人口的收入，进而带来了减贫；另一方面可以比较穷人和富人的收入增长情况，考察增长是否有利于穷人。前者可以通过增长期内贫困发生率的变化来衡量，在收入分配不变条件下贫困发生率减少，则增长是利贫的。后者可以通过穷人的收入增长率来衡量。Nanak 等（2000）提出贫困等值增长率（PEGR）方法，对利贫增长进行测量，并以此来判断经济增长的利贫性。利贫增长和包容性增长的含义有些相似，但强调的重点不一样。前者主要强调增长结果的公平性分配，而后者主要强调增长过程中的机会平等。

经济增长的包容性。目前，尚未形成对包容性增长的统一定义。“包容性增长”的概念在 2007 年首次提出。许多学者从不同角度对包容性增长作了概括。比如有学者将包容性增长定义为广泛参与并致力于减少贫困和社会排斥的过程（Besley et al.，2007）；有学者认为包容性增长是收入与非收入（教育、健康）层面不平等的减少（诺尼亚和坎布，2010）；有学者将包容性增长界定为促进机会平等的增长等（Ali and Zhuang，2007；ADB，2007）。而它的原始意义在于包容性增长战略需集中于能创造出生产性就业岗位的高增长、能确保机会平等的社会包容性以及能减少风险，并能给最弱势群体带来缓冲的社会安全网。其最终目的是把经济发展成果最大限度地让普通民众分享。包容性增长寻求的是社会和经济协调和可持续发展。与单纯追求经济增长不同，包容性增长倡导机会平等的增长，最基本的含义是公平合理地分享经济增长。包容性增长尤其强调机会平等，但在现实中，有诸多阻碍机会平等的因素，如教育不平等、城乡差别、行业差别、财富分配不平等、医疗服务不平等、社会保障不平等、腐败问题、城乡歧视的就业制度、不同的基本公共服务提供等。导致不平等的原因是多方面的，但归根到底还是制度安排和公共政策的问题。包容性增长的测度指标主要有：贫困率、失业率、识字率、社会保障覆盖率、基尼系数、民主化程度、公共服务均等化程度、信息可获得性，收入分配公平性，等等。

经济增长的资源环境代价。经济增长的实现是有代价的，从狭义经济增长质量定义看，经济增长的资源利用效率是核心内容（卡马耶夫，1983；王积业，2000；刘亚建，2002；康梅，2006）。资源利用效率是指各种生产要素转化为产出的有效性，其数值高低直接反映经济体的竞争能力。决定资源利用效率关键的因素为技术进步，技术进步可通过改变生产要素的组合来提高资源利用的效率。环境代价是指经济增长背后的环境方面的成本，反映经济增长成本。经济增长成本的高低从根本上取决于经济增长的方式，即生产要素的组合和使用方式。粗放型增长依靠生产要素数量的扩张，在一定程度上致使对资源的过度开发，并以环境污染和破坏为代价。通过转变经济增长方式，把提高自主创新能力和节约资源、环境保护作为重要内容，这样可以降低投入与消耗、减少排放，从而提高经济增长的效率，提高经济增长质量。经济增长的资源环境代价影响经济增长质量的作用路径为：(1) 资源利用效率的提高可节约资源、改善生态环境，从而降低经济增长的成本，提高经济增长的质量。(2) 资源利用效率的改进有助于保持经济增长的持续性，改善生态环境，从而促进经济增长质量的提高。(3) 生态环境的改善可以提高居民整体的福利水平，从而提高经济增长的质量。经济增长的资源环境代价的衡量包括两个方面：从资源利用角度，包括全要素生产率增长率、资本生产率、劳动生产率、技术进步、单位产出能耗比等指标；从生态环境代价角度看，包括单位产出大气污染程度、单位产出污水排放量、单位产出固体废弃物排放量等指标。

2.1.3 经济增长质量与减贫

经济增长数量与贫困之间关系的研究文献很多，有利于穷人的增长就是其中最典型的例子。这些研究结果表明：经济增长数量的提升是减贫的必要条件（Aniceto C. Orbeta Jr.，1996）。也就是说，经济增长数量提高，贫困未必减少，贫困减少一定需要经济增长数量的增加。这些结果暗示着要使经济增长能够促进减贫，还需要对经济增长进行深入研究，尤其是需要关注经济增长数量背后的东西，即经济增长质量与减贫的关系。

到目前为止，“经济增长质量与减贫”研究还是第一次这样明确地被提出并推上前台。在已有的文献中，仅能找到经济增长质量的某一方面属性与减贫相联系的研究，即“碎片化”研究，缺乏总体综合研究，如“经济增长、不平等和贫困”、“优化产业结构促进减贫”等。下面，对这些方面进行简述。我们希望通过此项研究，建立起经济增长质量与减贫研究的框架，并找出一些有价值的结论。

经济增长的持续性与贫困。从长期来看，持续的经济增长总体上能减少贫困（Bruno，et. al.，1998；Dollar and Kraay，2002；World Bank，2000a， b，Ames，et al.，2000；Christiaensen，Demery，and Paternostro，2002）。但从短期看，也有个别国家持续的经济增长对减贫没什么影响甚至有反作用（Ravallion，2002；Bourguignon，2001a）。2008 年发生的金融危机冲击着世界各国经济，导致 2009 年全球贫困人口增加 1 亿，显示经济波动对贫困的影响十分明显。

优化经济结构与贫困。按不同分类标准，经济结构内容很多，如产业结构、促进经济增长的要素贡献结构、分配结构、不同生产资料所有制经济成分的比重、经济区域结构等。经济结构调整对减贫会产生复杂的影响。徐尚和（1985）调查发现，通过调整产业结构，改变过去以粮食为主体向以林牧业为主体、以粮食和包括加工在内的工副业为两翼的产业结构，平凉市峡门回族乡贫困面貌发生了显著改变。作用机理是，通过结构调整，增加就业机会，调整生产产品结构增加收入。何立胜、林世选（1998）和马清裕等（1999）研究发现，产业结构调整成为中国城市贫困的重要影响因素之一。

资源环境代价与贫困。Mehta 等（2006）评估了越南胡志明市空气污染、贫困和健康之间的关系，认为穷人在污染中遭受损害更大，因为穷人缺少及时的治疗、原本营养状况也更差。其他种类的污染对穷人的影响原理与此类似，根本原因就是穷人手里缺乏资源，获得不了避免污染影响的手段，结果是潜在增加了贫困人口的负担。《中国经济增长质量报告（2010）》（任保平等主编，2010）认为，中国经济增长的资源环境代价高，中国经济增长造成了严重的失衡问题。在生态脆弱的贫困地区，通常会形成脆弱的自然环境与贫困的恶性循环。

利贫增长与贫困。利贫增长是这样一个增长，它能够让穷人积极参与并且从经济活动中显著受益。它的作用原理不同于“涓流效应”。穷人由于缺乏满足最低基本生活必需的资源，因此与富人相比，福利水平低。由市场力量带来的增长过程一般让富人受益的比例更大。原因是富人在市场经济中有内在的优势，如人力和物质资本。而且，在一些国家，政府有意或无意地采取了有利于富人的政策。结果是，贫富差距得不到缩小。为了提高全社会民众的福利，政府需要采取缩小差距的政策。这些政策需要让穷人受益的比例大于富人。这样才能减少贫困发生率，提高穷人的福利水平。有利于穷人的增长战略必须消除制度和政策带来的对穷人的偏见，采纳直接有利于穷人的政策。利贫增长在政策上的应用的一个典型例子就是，中国农村扶贫开发纲要（2011－2020年）目标中有这样规定：贫困地区农民人均纯收入增长幅度高于全国平均水平，基本公共服务主要领域指标接近全国平均水平。

包容性增长与贫困。有很多不能促进经济增长的包容性因素，如诸多的不平等因素，又称为限制减贫的重要原因。以收入不平等为例，胡鞍钢等（2006）对1978－2004年间中国经济增长的贫困变动效应进行了分析，表明20世纪80年代中期以来，中国的减贫出现了放缓的趋势，其原因在于增长质量下降与收入分配不公平导致的贫困人口受益比重下降以及获取收入机会的减少。《中国经济增长质量报告（2010）》（任保平等主编，2010）认为，收入分配不平等制约了经济增长质量。再如腐败问题，Vinod Thomas（2000）认为腐败制约经济增长与发展。其他不平等因素也限制了包容性增长，进而影响减贫的研究还有很多，这些研究认为，不平等限制了穷人的机会，阻碍了穷人参与经济活动而不能充分享有经济增长的成果。黄祖辉（2011）以中国为例，认为改革开放以来，中国走的是一条粗放但高速的经济增长道路，是一种进入门槛较低，广大民众容易参与的大众市场经济模式，这使得广大民众尤其是广大农民能够直接参与经济增长，并且获得国民收入的初次分配，迅速脱贫，不仅解决了温饱问题，而且总体上实现了基本小康。这无疑是过去30多年来中国经济包容性增长的最鲜明、最有力的体现。但是，这种粗放式的包容性增长的代价却极其昂贵，集中表现在资源环境的过度消耗与生态恶化，这既使得相对包容性的增长难以持续，又导致了中国环境的包容性程度大大降低。

2.2 概念框架

在全球金融危机的余波尚存之际，世界各国领导人愈加认识到经济增长和民众福利之间的分歧正在扩大：经济增长的质量与人类福祉息息相关。本书将“经济增长质量”定义为减少极端贫困，缩减经济结构失衡，保护环境，从而维持自身增长过程的模式。在对相关文献进行广泛审评后，我们发现，近期内生增长理论的突破在于强调理念、体制、人口和人力资本等诸多因素，但没有阐释如何让全世界最底层的10亿民众摆脱贫困，而他们与全球供应链切断了联系。经济增长质量的建模工作仍处于起步阶段。近期的努力在于试图解释中国快速经济增长和减贫之间的关系（林毅夫，2010），以便从发展视角化解全球经济失衡的争论，并让我们有信心来选定一个模型，它是最适合于当前注重经济增长质量而非增长速度的问题，对于处于很多标准假设不存在的发展阶段内的很多国家而言，它也是最适合的课题。

2.2.1 为什么经济增长质量很重要：动机和目标

随着近期爆发的食品、金融和环境三重危机，世界各国的决策者已经认识到经济增长和民众福利之间的分歧在不断扩大。经济增长本身并不足以带来人类福祉——经济增长的模式或质量也至关重要，特别是对于在人类福利的主观感受指标而言。对经济增长的关注反映在很多国家的减贫路途极不平坦，失业率上升和贫富差距扩大，以及在过去十年环境退化程度加剧，而这恰逢发展中国家呈现史无前例的高速经济增长的时期。最近世界各地发生的民众抗议事件表明，反腐败、政府管治和问责制度等问题变得愈加至关重要，除非这些问题获得认真应对，否则经济增长的成果可能遭到破坏，而经济增长速度本身也将不会持续。

经济增长和减少贫困和人类福祉存在正相关关系。但经验表明，一些经济增长模式能比其他模式更有效地减少贫困。[①] 一些经济增长模式导致自然资源的过度开采和环境退化。根据 128 个国家数据编制的人类发展和环境质量指数，我们发现在控制初始人均收入的情况下，人均收入增长与人类发展存在正相关的关系，但与环境质量存在负相关关系（图 2.1）。

增长的速度和质量对于取得更好的发展成果都是至关重要的。《经济增长的质量》（Thomas et al.，2000）展示了更恰当的增长质量面貌：贫困人口减少，社会公平增加，环境退化停顿，实现可持续的经济增长。表明在人力资本、物质和金融资本、自然和环境资本以及在所有三项资本上进行均衡的投资，看来对于确保经济更快且更好地增长是必不可少的。对人力资本投资不足和过度开发自然资本被视作有损于经济增长质量。

---

① 相关范例参见 Ravallion and Chen 2004；Christiaensen，Demery，and Kuhl 2006；和 Loayza and Raddatz 2005；世界银行 2005 和《发展有效性年度评估报告》（IEG 2007a）和《中等收入国家发展成果报告》（IEG 2007b）。

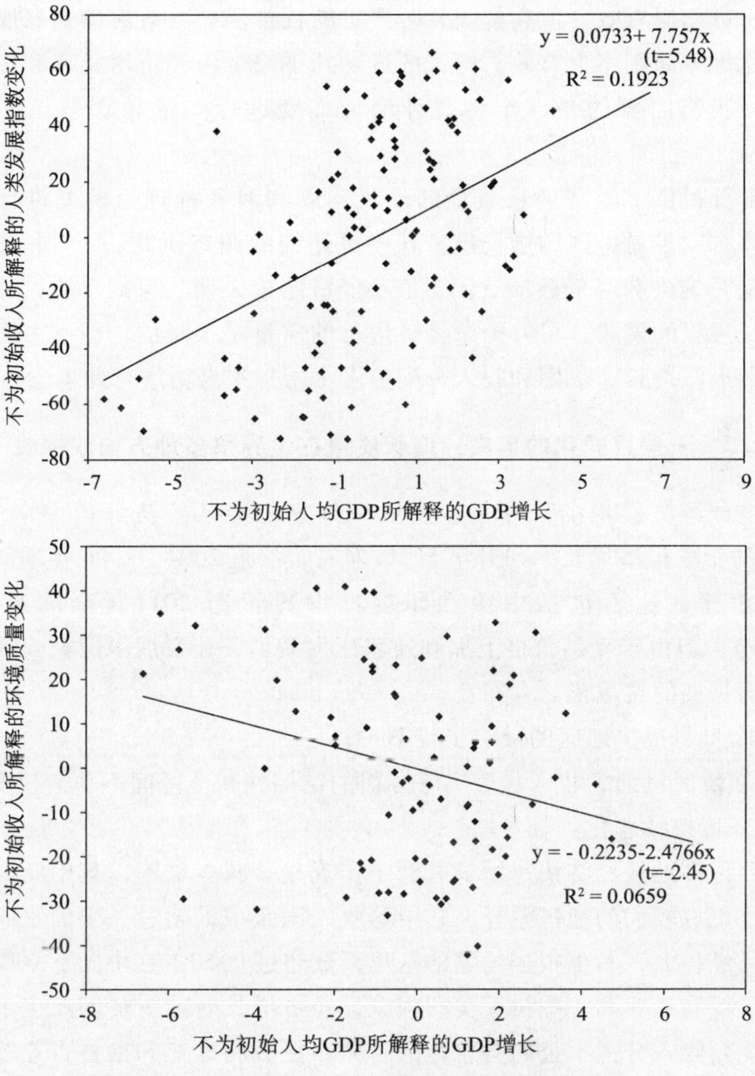

图 2.1　经济增长，人类发展和环境质量的关系

注：作者根据 2007 年世界银行全球发展金融和世界发展指标中央数据库内 128 个国家的资料，构建了人类发展和环境质量的综合指数。此处显示的关系控制了初始的人均国内生产总值（GDP）。欲了解相关指标和构建两个指数的方法，请查阅本部分附录 1。

尽管经济增长质量处于中心地位，人们对社会公平和环境可持续性一直没有给予足够的重视。在最近的中等收入国家报告中，独立评估小组（IEG）发现，很多国家和世界银行在凸显促进经济增长和减少贫困优先任务方面一直相当有效，但在解决日益严重的社会不公，政府治理和腐败以及环境退化等方面则不太有效。国家的成功几乎完全由经济增长率和发展政策来定义，我们需要的是一个将各种增长维度进行测量和联系起来的综合方法。

本部分提供了经济增长质量的动机问题和对各种理论模型进行分析评估，这将有助于对中国的增长质量开展更仔细的调查研究。[①] 本书将“经济增长质量”定义为降低极端贫困、缩小经济结构失衡、保护环境，从而维持自身增长过程的模式。尽管衡量经济增长的质量是很难的，但本书通过使用涵盖长期经济增长，贫困和收入分配的多个指标来努力进行此项尝试。

2.2.2 一些程式化的事实：增长质量在世界很多地方构成挑战

在全球经济衰退的三年后，发展中国家已经从经济危机中率先复苏，2010 年的年度经济增长率回升至 5.2% 左右，接近 2004 - 2006 年期间的增长率峰值水平，这不包括中国和印度（世界银行 2011《全球经济展望(GEP)》）。但由于食品价格上涨和通胀压力激增，让发展中国家面临巨大的挑战。而长期的挑战依然存在：

- 全世界很多地区的减贫步伐不一；
- 在发展机遇，收入和资产等方面的结构性和地区间不平衡程度上升；
- 环境持续恶化。

世界许多地区经济快速增长有利于实现显著减少贫困，其中亚洲是领头羊，但这也有较大的地区差异。在中等收入国家中，超过一半国家的贫富差距程度已经扩大，其中很多国家的基尼系数超过 0.50。在中国、立陶宛、斯里兰卡、罗马尼亚和一些拉丁美洲国家，经济增长对减少贫困产生了积极影响，但受到收入分配不公趋势恶化的阻碍。在玻利维亚和格鲁吉亚等一些国家，贫困人口增加，在收入分配不公的同时伴随家庭消费增长率下滑。尽管经济增长对减贫事业做出了大部分贡献，但即使是看似微不足道的收入分配改善，也会显著提升经济增长对减贫的积极效果。

在过去三十年，中国实现了最快速的经济增长和减少贫困。目前的经济

---

① 参见 Ramon Lopez，Vinod Thomas 和王燕编纂的完整报告，“The Quality of Growth：Fiscal Policies for Better Results”，独立评估小组（IEG）工作论文，提交给世界银行发展效果委员会（CoDE），2008 年 6 月 23 日。

增长模式在很大程度上依赖于外部需求，需要不断增加的资本积累。目前的增长模式也导致越来越严重的收入分配不平等现象：城市产业的资本积累扩大了与农村地区生产率之间的差异，导致严重的收入分配不均。据估计，中国的基尼系数超过0.45，中国目前收入不平衡的程度甚至超过了美国和俄罗斯；根据当前的趋势发展，中国正变得越来越像拉丁美洲国家（图2.2）。

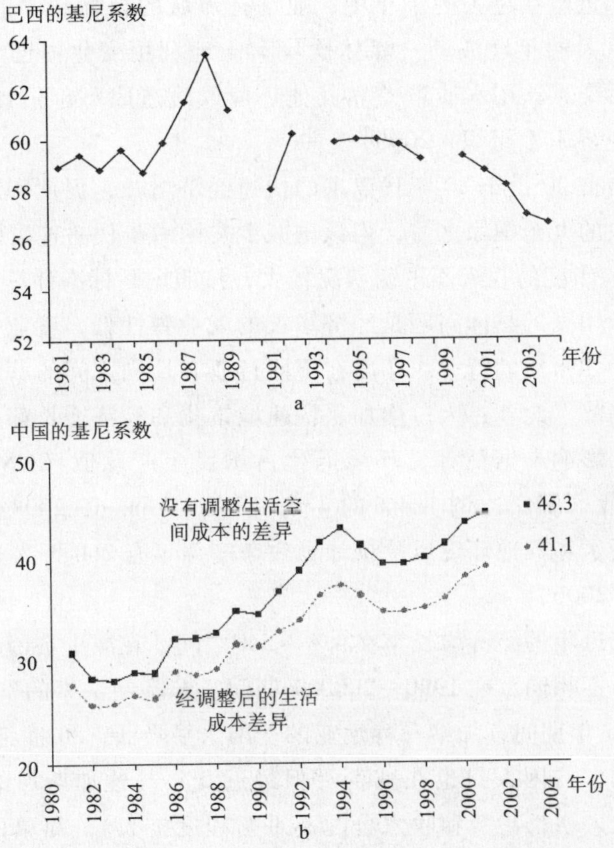

图2.2　巴西的收入不平衡状况正在下降，而中国的收入不平衡程度在上升

来源：Romano 和 Sakurai 的论文附录6.1，以及 Hofman 和 Kuijs（2007）的论文附录6.3。

虽然中国在某些方面改善了自然资源和能源的消耗，但目前环境对经济增长的限制作用正在凸显。作为第二大碳排放国，中国已经在世界空气污染最严重的20个城市中占据16个席位。世界银行最近的一项研究发现，中国因空气和水污染形成的医疗费用总额约占国内生产总值（GDP）的4.3%。

加上污染对健康以外因素造成的影响，估计也占国内生产总值的1.5%左右，导致空气和水污染的总成本占GDP的比重高达5.8%（世界银行，2007b）。

尽管巴西在过去十年中经济增长率低且不太稳定，但收入不平等的状况在持续下降。该国的基尼系数从20世纪90年代末期的0.59下降至2005年的0.56，这部分得益于社会福利项目和税收改革。巴西的主要环境问题之一是森林砍伐严重。在过去的十年中，亚马孙流域的森林砍伐率仍然非常高，并已呈现出巨大的年度波动。森林砍伐和土地利用变化占巴西碳排放量的75%。空气污染、饮用水质量差和其他环境风险造成每年估计有23.3万人过早死亡（世界卫生组织，2006）。

在印度，自20世纪80年代以来的快速经济增长，促使印度成为全世界经济发展最快的九个国家之一，但该国减少贫困的步伐一直缓慢，在1980-2004年期间，印度的收入不平衡状况扩大，按照国际标准计算的人类发展指标依然较低。印度的具体问题是经济增长的就业弹性低，就业一直限制在高科技和技能人才密集的行业。印度在不同行业和性别之间的薪酬收入差距也呈现扩大的趋势。此外，人口增加、快速城镇化和经济增长都对印度的自然环境造成不利影响。据估计，环境退化占国民生产总值（GNP）的比例达5.8%，是高收入国家比例1.4%的4倍（Sadiq Ahmed，2008）。空气污染，遭污染的饮用水和其他环境风险预计导致印度每年有260万人过早死亡（世界卫生组织，2006）。

非洲国家近年的经济增长率在4%-5%之间，在减少贫困和收入不平衡的变动速率各不相同。在1990-2000年期间，布基纳法索的贫困水平下降；在2000-2005年期间，加纳和肯尼亚的贫困水平降低；20世纪90年代初期的马达加斯加，贫困人口也在减少（但最近几年马达加斯加的贫困水平上升，因人均收入增长甚微和收入分配不平衡程度扩大）。简单的相关性分析显示，这些国家的经济增长与减少贫困存在正相关的关系，同时也导致收入不平衡。乌干达收入不公的状况显著恶化，部分原因是农业增长缓慢以及其他行业创造的就业机会不足（Nallari，2008）。

2.2.3 经济增长理论的最新进展

自20世纪90年代以来，经济增长理论经历了革命性的变化。1961年英国经济学家尼古拉斯·卡尔多（Nicolas Kaldor）提出了六个著名的“程式化事实”，他们以一个简单的状态变量物质资本为中心。当今新的增长理论聚焦于四个更有趣的变量：理念、体制、人口和人力资本。在报酬递增的内生增长理论方面取得三个突破。

1. 人口和市场扩大促进了思想理念的传播。这里涌现出一大群人，他们消化和吸收知识提升自己的人力资本，反过来使用提升后的人力资本和衍生的知识来提高生产率。美国宏观经济学大师罗伯特·卢卡斯（Robert Lucas）将贸易的巨大收益归因于思想的流动（而在历史上，资本和劳动力的流动有限），并得出结论：“剩下的只有思想的流动，以及如何能够将思想流动不与贸易相关的经济互动紧密相连”（卢卡斯，2009）。

2. 政府和市场。通过无形之手（亚当·斯密，1776）和看得见的手（钱德勒，1977），扩大市场和层次分工结构以便于专业化和在生产活动中开展合作。

3. 体制对于人力资本和理念是至关重要的。①出现了知识精英阶层（择业仅向精英人才开放），以及响应民意和问责制的政府治理（民意及政府机构之间的权力制衡）。

- 这种推理强调，发展是对增强人力资本和新知识协同效应成果的概念化，其中涉及在物质资本和社会资本之间的互补投资。
- 最基本的政策挑战在于国家与非国营部门合作，由市场来解决创新和协调外部性，同时将腐败和能力不足等政府外部性最小化。

基于实证研究（而不是理论），增长委员会研究了13个经济体，自1950年以来平均经济增长率为7%或以上，增长持续时间达到25年或更长时间。在亚洲有9个这样的经济体：中国、中国香港、印度尼西亚、日本、韩国、马来西亚、新加坡、中国台湾和泰国；其他地区有4个经济体：博茨瓦纳、巴西、马耳他和阿曼。该委员会的经济增长和发展报告阐明了成功实现经济成长的五个共同特征：

（1）开发利用世界经济；

（2）宏观经济稳定性；

---

① 一项关于洞察中国的发言：“就像公元1300年，当时中国是世界上技术最先进的国家，拥有庞大的相互融合的人口。根据Lee的模型，中国本该一直毫无疑问地充当世界科技的领导者……一个体制能够扼杀创新的模型，能够解释为什么中国失去了领先地位，但它带来了一个模型，体制也能阻止世界其他地方的思想流动，以解释为什么500多年来，在西方发展的构想没有在中国得到更系统性的吸收。”Jones和Romer 2009，第21页。

（3）拥有很高的储蓄率和投资率；

（4）使用要素市场来配置资源；

（5）受约束的、可信赖和有能力的政府。

根据东亚国家特别是中国的发展经验，林毅夫出版了他关于新结构经济学的新著作，该著作与增长委员会的作品基本上一脉相承，但超越了后者（林毅夫，2010）。它强调：

（1）可持续的收入增长是减少贫困和发展的基础。工业化国家居民收入的可持续快速增长源自于持续技术创新以及经济结构调整。

（2）新结构经济学（NSE）的主要假设为产业结构是由资源禀赋（资本、劳动力和自然资源）结构内生的，收入增长依赖于资源禀赋升级，产业结构提升和技术改造升级。

因此，根据资源禀赋所决定的比较优势来发展产业，是提升资源禀赋结构、支撑产业升级、促进收入增长和减少贫困的最佳方式。

政府需要充当一个促进者的角色，提供有关发展战略的信息和分析，配备硬件和软件基础设施，包括健全的法律框架，政府治理和监管框架来确保国家安全，社会稳定和权益保护。产业政策被视作是一个国家发挥促进作用的有力工具，协调的内容依据各产业而定。由于政府拥有的资源和能力有限，政府需要从战略高度来运用它们，集中于一些地区或行业以获得集聚效应。

表 2.1　新结构经济学与增长委员会的程式化事实相一致

来自新结构经济学的政策建议	增长委员会的程式化事实
1. 根据比较优势：条件	
市场经济	#4
扶持经济社会发展的政府	#5
2. 成果	
• 开放性	#1
• 有竞争力且强健的贸易收支和财政账目：较少的本国危机，更大范围的反经济周期的财政政策	#2
• 巨大的经济剩余和高额的投资回报：高储蓄率和投资率	#3
3. 新结构经济学的建议与东亚奇迹的调查结果相符	完全一致

来源：林毅夫在 2011 年 4 月 6 日的演讲。

新结构经济学的政策启示：发展中国家需要拥有一个扶持性的政府，并建立竞争性的市场体系。产业升级需要解决外部性，化解协调难题和鼓励建立产业集群。鉴于处于不同发展水平的国家拥有各不相同的最佳产业结构、企业规模、资本要求和风险特性，因此应相应实施不同的体制和政策。根据林毅夫和 Monga 2011 年的主张，发展中国家可采用“增长鉴定和扶持(Growth Identification and facilitation)”战略，即

• 步骤1：找到拥有类似禀赋结构，但人均国民收入高出大约100%的快速成长国家。识别在这些国家最近20年来已经赢得良好发展、充满活力、快速成长的流通行业。

• 步骤2：确定这些行业的限制或瓶颈，并采取行动来克服这些限制或瓶颈。

• 步骤3：如果这个行业内还没有国内企业存在，寻求吸引外国直接投资或孵化新企业。

• 步骤4：政府应鼓励自我发现或实验。

• 步骤5：经济特区可用来克服这些瓶颈。

• 步骤6：政府能够通过给予税收优惠，指定贷款和外汇使用便利等，来扶持这些拓荒企业（林毅夫和 Monga，2011）。

说明这些要点的国家案例：

• 日本的轻工行业在20世纪70年代早期拥有显著但趋于下降的比较优势。日本随后在电子等具有高附加值的复杂行业实现了比较优势产业的升级。

• 当韩国在1973年将战略重点转向重化工业时，其轻工业拥有强大且日益扩大的比较优势，此前韩国把拥有类似自然禀赋的先进工业国家作为瞄准的标杆。

• 泰国于20世纪70年代早期在稻米和其他自然资源方面拥有强大的比较优势，泰国随后发展了服装和电子行业，参与了亚洲劳动力的区域分工(Wonhyuk Lim，韩国发展研究院 KDI)。

本书认为，以上的理论模型尚存在一些局限：

1. 内生增长理论一直专注于经济增长的主要驱动力：理念、体制、人口和人力资本，尽管它能够解释富裕和中等收入国家经济增长的动力，即通过创新和生产率发展，但没有阐释“最底层10亿人”面临的问题，也就是如

何让最贫困的国家实现经济增长，如何解决农村和城市地区分割的“二元经济”问题，以及人力资本不能交易的问题。在真实的世界中，诸如资本、劳动力和思想理念自由流动等一些理论假设前提并不适用，特别是在发展中国家。

2. 新结构经济学提供了实证的指导，以解决如何分析最贫困国家的状况，如何在低收入国家识别经济增长的支柱产业以及如何实现产业升级。但它没有解决在收入和发展机会方面的分配问题，也没有涉及对自然环境的保护。

3. 以下的模型与新结构经济学非常吻合，在某种意义上讲，它强调一个国家拥有的资源禀赋；它也符合内生增长理论，后者强调人力资本及其分布（因教育在个体之间是不可交易的）。因此这个模式非常适合于我们的研究。

2.2.4 分析框架①

从广义上讲，一个国家至少拥有关乎生产和民众福祉的三个类型的资产/资源禀赋：人力和社会资本，自然和环境资本，物质和金融资本。技术进步和体制环境也影响到这些资产的使用。在传统的新古典增长理论中，历来十分重视物质和金融资本的积累。在内生增长模型中，更多关注于理念、知识和体制，物质资本被放置于次要位置。但对于减少贫困而言，其他重要资产值得给予更大的关注——比如人力（和社会）资本、自然（和环境）资本，因为这些是贫困人群所拥有的主要资产。

物质资本通过经济增长促进人类福利。人力（和社会）资本，以及自然（和环境）资本不仅有助于经济增长，也是人类福利的直接组成部分。人力资本和自然资本也有助于增加投资回报，从而吸引更多的资本，使得所有的投资更加富有成效。

在很多国家，存在市场失灵损害人力资本和自然资本的现象，因此存在对人力资本投资不足和自然资本开发过度的问题。比如，来自初等教育和疾病预防保健的社会回报远高于私人收益，因此如果政府未能提供这些公共服务，这些公共服务领域的投资水平将是次优的。② 此外市场失灵也会损害一

---

① 本部分摘自 Thomas et al., 2000,《经济增长的质量》(The Quality of Growth) 的理论框架。

② 术语公共品常用于描述需要由政府提供或至少由政府推动提供的产品，因为私营部门通常对他们供应不足。这是因为事实上这里没有市场或存在多个市场缺陷，妨碍了向私营企业支付足够高的报酬以促使他们按照社会理想水平来提供公共产品。

些类型的物质资本，如一些具备半公共品性质的物质资本。

在很多国家，政府未能向贫困群体提供充足的基本医疗、教育服务和基本卫生设施；也未能向弱势群体和脆弱人群提供足够的基础设施。因此实施促进面向国际贸易和投资开放的政策改革，改善政府管治和增强宏观经济稳定性，纠正损害人力和自然资本的市场失灵（特别是采用财政政策），将有助于实现更加平衡的资产积累，促进这些资产的使用更富成效，从而促进经济增长和提高社会福利。

更正式地，我们定义了一个额外的和可分割的福利函数 U，用于由 N 多个人组成的社会。

$$(1)\ U = \sum_{i=1}^{N} u(c_i) + \sum_{i=1}^{N} v(h_i;R)$$

其中，c_i是个体 i 的消费，h_i 是个体 i 的人力资本，R 是环境资产的（合计）水平。R 假设是一个纯粹的公共产品，因此它在人口中的分布是不相关的。另外，$u(\cdot)$ 和 $v(\cdot)$在其参数中是单调增加和严格凹性的。U 的二阶导数近似值相当于 c 和 h 产出的平均数或平均值。

$$(2)\ U \approx Nu(\bar{c}) + \sum_{i=1}^{N} u'(\bar{c})(c_i - \bar{c}) + \frac{1}{2}\sum_{i=1}^{N} u''(\bar{c})(c_i - \bar{c})^2 + Nv(\bar{h};R)$$

$$+ \sum_{i=1}^{N} v'(\bar{h};R)(h_i - \bar{h}) + \frac{1}{2}\sum_{i=1}^{N} v''(\bar{h};R)\ (h_i - \bar{h})^2$$

其中，$\bar{c}$ 是平均消费或人均消费，$\bar{h}$ 是平均人力资本或人均人力资本，$u'(\bar{c})$，$v'(\bar{h};\ R)$是关于 c 和 h 的一阶导函数，其各自估值为平均值 $\bar{c}$ 和 $\bar{h}$；$u''(\bar{c})$和 $v''(\bar{h};R)$是关于 c 和 h 的二阶导函数，通过期望值计算，我们获得每个个体 i 获得的平均福利。

$$(3)\ E(U) \approx u(\bar{c}) + \frac{1}{2}u''(\bar{c})\sigma_c^2 + v(\bar{h};R) + \frac{1}{2}v''(\bar{h};R)\sigma_h^2$$

其中，σ_c^2 是不同人群的消费方差，σ_h^2是人力资本在人口中的分布方差，通过严格凹性函数 $u(\cdot)$和 $v(\cdot)$，我们规定 $u''<0$ 和 $v''(\cdot)<0$。因此总计或预期福利是随 $\bar{c}$ 和 $\bar{h}$ 增加的，随 σ_c^2 和 σ_h^2 而减少的。此外，由于 $v(\cdot)$ 跟随 R 增加，$\partial v''/\partial R \approx 0$ 足以获得让 $E(U)$也跟随 R 而增加。

该模型的启示在于，要实现福利最大化的几个条件：

（1）一个理想的经济增长模式要求物质资本自始至终持续扩大，伴随以人力资本的正增长且分布不会恶化。

（2）另外，理想的经济增长可能会减少贫困，不可能恶化收入分配。

（3）这个理想的公平的经济增长模式会增加消费 $\bar{c}$ 和人力资本 $\bar{h}$，降低至少不增加 σ_c^2 和 σ_h^2。因此理想而公平的经济增长有望增加福利，在等式（3）中的 $E(U)$ 以及 R 并不下降，或只以足够低的速率下滑。

没有通过私营部门的优化过程，我们从新古典主义和内生增长模型得出的基本行为等式如下：

（4）$g = \emptyset[F_k(K,H,R;A,p) - c_k(r,\delta,p)]$

其中，g 是人均国内生产总值（GDP）增长率（或它可以扩展成为一个向量）；K，H 和 R 分别是人均物质资本，人力资本和自然资本；p 是一个政策变量和价格的向量；A 是一个生产率因子，F_k 是对人均物质资本 K 的边际收益；C_k 是资本的边际成本，通常依赖于贴现率（r）；折旧率（δ）和假定政策变量 p（如投资补贴）；且 $\emptyset$（·）是一个单调增加的函数。

（5）$G = f$（*sch*，*sch * ref*，*K*，*K * ref*，*Labor*，*StD of Sch*，*policy indicators*，*dummies*）

等式（4）表明，经济增长依赖于资本的边际收益和边际成本之间的差额。等式（5）中的 G 将扩大成为描述经济增长质量和步伐的向量指标（包括人均 GDP 增长率，贫困发生率，收入分配不平等和一些环境质量指标）。比如（5）的实证等式的每个变量可使用平行数据进行估计，但在每个可估计的等式上必须小心谨慎。

该模式具有以下特性：

（1）它强调那些贫困群体可能拥有的资产。比如，人力资本是贫困人群可能拥有的宝贵资产之一，因此教育（sch），以及教育和对理念变革的开放性之间的互动（sch * ref），对于有利于穷人的经济增长以及人类福祉而言至关重要。

（2）其基本假设是，市场失灵/外部性正损害人力资本和自然/环境资本。政府能够通过提供补贴或投资于人力资本和保护环境来克服（部分弥补）市场失灵。

（3）该模式假定人力资本是不可以交易流通的，因此人力资本的分布（教育的标准差）与生产函数或经济增长以及社会福利直接相连。

（4）自然和环境资本（如土地和河流）也可提供给贫困群体和其他群体。在此我们假设，土地和自然资源是由外部决定的。在估计中可以包含单独的指标，单独的等式能够使用举例和空气污染作为因变量进行估计。

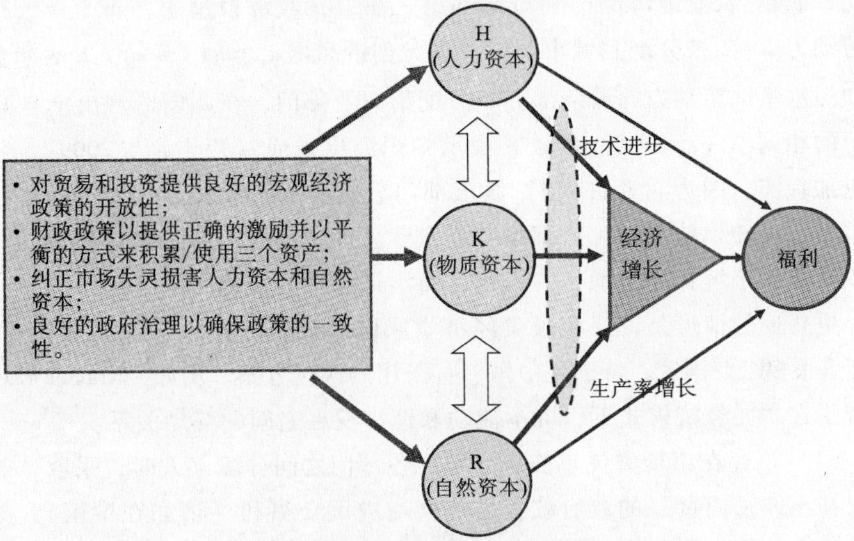

图 2.3　一个平衡和可持续增长的框架

来源：依据《增长的质量》(*The Quality of Growth*)，Thomas et al.，2000。

2.2.5　描述新兴经济体的崭新全球图景和经济模式

在全球经济危机之后，一个崭新的全球经济图景已经涌现，因全球经济增长的重心从发达经济体转向新兴经济体（世界银行，全球发展视野 2011）。值得注意的是，在全球经济危机的余波未平之际，出现了顶尖经济学家试图解释新兴经济体崛起的明显努力。

比如，美国经济学家保罗·罗曼（Paul Romer）认为，“赶超增长策略（如中国）可能与思想流动和采用科技的动力相关。赶超策略的经济增长速率一直随时间推移而上升的事实，在单纯的新古典主义的框架下很难理解，但在创意的世界里是一个自然的事件。在创意世界里，技术前沿和能够达到的程度相关（Jones 和罗曼，2010）”。他还试图使用“坏体制”来解释中国在 1949 年之前 500 年内落后和科技吸收不足的原因。但在这个模型本身，发达国家和新兴/发展中国家之间并无不同。该模型用于解释经济增长的步伐，而不是增长的质量方面，也不是经济增长的分配。

一个更有益的尝试基于卢卡斯（2009）著作的第四章，在此提出了新兴

/发展中经济体的与内生增长理论一致的二元经济模型。一个国家拥有两个部门，农场/农业经济部门和城市部门。在二元经济模型中，每个单元的部分劳动力 $1-x$ 被分配到城市部门，在此创造产出 $y_c=h(1-x)$，h 表示经济的知识水平。劳动力的剩余部分 x 分配给农业部门，在此创造产出 $y_f=Ah^{\xi}x^{\alpha}$ 单位的相同单一产出品。参数 ξ 表示知识溢出效应（卢卡斯，2009）。该模式更加现实，因为它允许农村/城市部门分割和农村—城市迁移。它也强调城市在促进知识传播和生产聚集（有利于生产率提高）方面的作用。这些模式依然聚焦于解释经济增长的步伐，而不是经济增长的质量。

更普遍的情形是，一些顶尖经济学家已经尝试抛弃“最优”解决方案，但理解很多东亚国家，特别是中国一直采用的次优方案。例如，Kramer（2010）调查了在二元经济模式下，资本流动和经济发展之间的互动关系。

（1）当存在市场失灵不能有效地在各部门之间分配工人时，采取“鼓励投资和不鼓励消费”的政府政策显然会增进民众福利（诸如在中国）。如果调整成本很高，特别是在发展的早期阶段，这个次优政策能够产生一个倒U型的政府积累储蓄的路径。“在积累阶段，与自由放任主义的标杆国家相比，工资被调低，劳动力被吸引到现代化的部门，汇率贬值和净出口上升”，发展中国家（如中国）积累的外汇储备导致全球利率处于低水平；而与自由放任主义的标杆相比，发达国家消费水平较高，工资薪酬更高，劳动力逐步移出现代部门。

（2）Kramer（2010）有一场关于使用产业政策的辩论。Rodrik（2009）认为，世界贸易组织（WTO）和发达国家的政策当局对发展中国家运用产业政策采取更加宽容的态度将有利于世界经济的稳定。但 Kramer 的论文指出，“发展中国家所采取间接政策的效果也可能是对贸易伙伴不利的。”

为理解发展中国家（新兴经济体）的资本积累和资本流向发达国家这一略微不同的问题，经济学家进行了其他尝试。特别是，国际货币基金组织（IMF）重新思考和研究其对发展中国家开出的解决方案。近期国际货币基金组织已正式发表建议，可能存在这样的情况，即发展中国家能够从对涌入的外国资本设定监管规则中受益。

- 国际货币基金组织认识到，私营资本流动可能导致不稳定，在金融危机期间的资本流动已经造成此类冲击；
- 美国利率一直偏低是近期向发展中国家的资本流动激增的驱动力；

• 一些国家已经采取资本控制来应对大规模的资本流动，其中一些努力已经取得不错的成效；

• 资本管制应被视作金融稳定政策工具选项的一部分；

• 国际货币基金组织对于各国应该或不应采取资本控制举措提供了一系列的指导方针建议（Gallagher，2011）。

2.2.6 结束语：为寻找合适的模式

在全球经济危机和金融危机余波未平之际，全球经济日益受到多个增长极的推动。发展中国家的经济影响力显著上升：在全球总国内生产总值（GDP）中，新兴经济体和发展中国家的份额从1990年的27%跃升至2009年的46%（按购买力平价（PPP）计算的GDP）。在全球贸易额中，新兴经济体和发展中国家的贡献从20世纪70年代的24%上升至2009年的35%。

全球金融危机已经让人们动摇对增长理论等传统经济模式的信心。华盛顿共识失去了可信度，但新的共识尚未诞生。内生增长理论的近期突破在于强调诸多因素，如理念、体制、人口和人力资本，但没有阐述如何让处于全世界最底层的10亿人摆脱贫困。一些顶尖经济学家开始建立经济模型来解释中国的快速经济增长和减贫进展（林毅夫，2010），从发展中国家到发达国家的资本流动，以便从经济发展的视野化解关于全球失衡的争论（卢卡斯，2009；Jone和罗曼，2009；Kramer，2010）。

一个新的经济阶层正在涌现。最近的努力让我们有信心在众多经济模式中选择最适合解决当前问题的一个模式，该模式关注经济增长质量，最适合于处于很多标准假设尚不存在的发展阶段的国家。

对经济增长质量的建模工作仍处于早期阶段。理想情况是，所有我们关注的经济指标应纳入一个增长模式中，如机会（教育，医疗卫生，工作和收入）的不平等，以及空气质量、供水和卫生设施等指标；但这一经济模型并非已经在文献中存在并可资利用。因此目前我们需要在实证分析中利用不同的模型用来满足不同的目的。本书试图给出一个理论化的模型以研究经济增长的质量，虽然一个复杂的世界不能用一个简单的模型进行精确反映，但这样的努力仍有助于我们认识经济增长质量最为关键的内容。本书将“经济增长质量”定义为降低极端贫困，缩小经济结构失衡，保护环境，从而维持自身增长过程的模式。在以后的各章中，我们将重点研究增长对于降低极端贫困的两个重要方面：利贫性（pro - poor）和包容性（inclusive），以及经济结构问题。

附录 1 发展中国家在经济增长质量方面表现的概貌：人类和可持续发展综合指数

方法论

为了促进在章节 2.2 中的讨论，我们建立了三个综合指数：人类发展指数，绿色领域可持续发展指数和棕褐色领域可持续发展指数。每个指数包含多个指标以反映增长质量的多个维度方面。人类发展指数的诸多指标如下所示：

- 在 1990 - 2000 年期间人类预期寿命的增加；
- 在 1990 - 2000 年期间婴儿死亡率下降；
- 在 1990 - 2000 年期间初等教育完成率提高；
- 在 1990 - 2000 年期间初等教育完成的性别比率（女性初等教育完成率/男性初等教育完成率）上升。

绿色领域可持续发展指数的诸多指标如下所示：

- 1990 - 2005 年期间衡量的年均森林砍伐率的负数；
- 2002 - 2004 年期间人均国内淡水资源的提高。

棕褐色领域可持续发展指数的诸多指标如下所示：

- 在 1990 - 2000 年期间提高能源利用效率（单位能源利用产生的按照购买力平价计算的国内生产总值。2000 年不变价——千克油等量）；
- 在 1990 - 2000 年期间有机水污染物排放量下降（千克每天每名工人）；
- 在 1990 - 2000 年期间人均二氧化碳排放量下降。

我们使用 Borda 排名技术来建造这些指数。Borda 排名程序包括为每个国家指定一个与每个分项标准排名相等的点。每个国家的所有分项指标点进行平均计算，使用平均数对各国进行重新排名。该过程允许对不同度量单位，不同时期和不同国家覆盖范围的指标进行聚集汇总。也就是说，允许对不同国家、不同类别，甚至当研究的国家数量因类别而不同时。欲了解有关 Borda 排名技术的更多细节，请参阅 Thomas and Wang（1996）。

数据摘录自 1990－2005 年的世界银行附属全球发展金融和世界发展指标中央数据库。平均数取自 1990－1994 年，1995－1999 年和 2000－2005 年。1990－2000 年的变化是 1990－1994 年和 2000－2005 年期间平均值的差异。只有那些拥有两个或更多可资利用指标的国家才会纳入每个指数。

三个指数和控制初期收入的经济增长之间的关系

我们通过对人类发展指数，可持续发展指数和经济增长指数与 1990－2005 年平均经济增长率之间的回归分析，努力发现人类发展，可持续发展和经济增长之间的关系。考虑到 1990 年初期的人均收入可能是影响人类发展指标，可持续发展指标和经济增长率的一个指标，我们使用以下两个步骤来控制 1990 年人均收入的水平。

步骤 1：发现初期人均收入分别与经济增长率，人类发展指数（HD），可持续发展绿色领域指数（SDG），以及可持续发展棕褐色领域指数（SDB）之间的关系，然后对每两个配对进行回归分析。通过寻找每个回归的残值，对不能使用初期人均收入进行解释的每个部分进行量化。

$$Growth_i = \alpha_1 + \beta_1 Y_{0i} + \varepsilon_{1i}$$

$$HD_i = \alpha_2 + \beta_2 Y_{0i} + \varepsilon_{2i}$$

$$SDG_i = \alpha_3 + \beta_3 Y_{0i} + \varepsilon_{3i}$$

$$SDB_i = \alpha_4 + \beta_4 Y_{0i} + \varepsilon_{4i}$$

其中，$Growth_i$ = 1990－2005 年间每个国家的平均经济增长率；

HD_i，SDG_i和 SDB_i是每个国家的人类发展指数（HD），可持续发展绿色领域指数（SDG）和可持续发展棕褐色领域指数（SDB）；

Y_{0i} = 每个国家 1990 年初始的人均国内生产总值（GDP）；和ε_{1i}，ε_{2i}，ε_{3i}，ε_{4i}是残值。

步骤 2：分别发现人类发展指数（HD），可持续发展绿色领域指数（SDG）和可持续发展棕褐色领域指数（SDB）与经济增长率之间的联系，这不能通过步骤 1 对他们每两个配对的残值进行回归以使用初始人均收入进行解释。

$$RHD_i = \theta_1 + \gamma_1 R_i + \varepsilon$$

$$RSDG_i = \theta_2 + \gamma_2 R_i + \varepsilon$$

$$RSDB_i = \theta_3 + \gamma_3 R_i + \varepsilon$$

其中，RHD_i，$RSDG_i$，$RSDB_i$和 R_i是我们不能通过步骤 1 获得的 1990 年初始收入进行解释的人类发展指数（HD），可持续发展绿色领域指数（SDG）和可持续发展棕褐色领域指数（SDB）增长率。

研究成果详见表 A1.1，图 A1.1 和 A1.2 的相关数据。控制初期收入为人类发展和经济增长带来稳健的模式，相关系数为 0.19。可持续发展棕褐色领域指数和可持续发展绿色领域指数与经济增长之间存在反向关系，尽管可持续发展绿色领域指数与经济增长之间的关联系数在统计学上并不显著。

表 A1.1　在控制 1990 年人均 GDP 之后对残值进行回归分析

	相关系数	T	观察数量	概率 > F	校正后的 R 平方根
HD	7.757016	5.48	128	0.000	0.1859
SDG	-1.94294	-1.38	120	0.172	0.0074
SDB	-2.476619	-2.45	87	0.016	0.0549
CO_2	-0.3162979	-5.23	127	0.000	0.1732

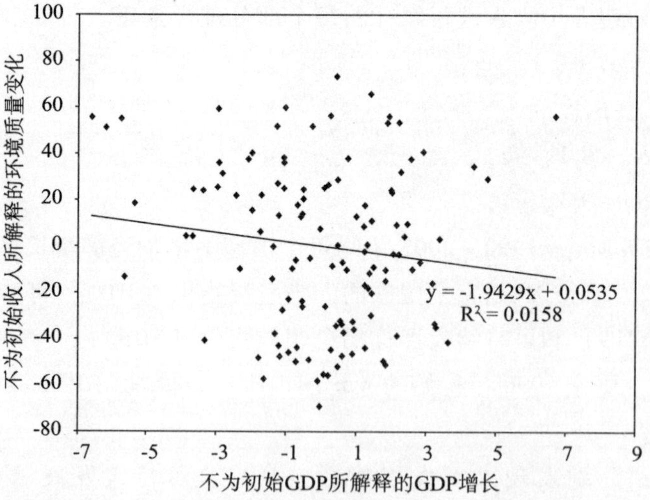

图 A1.1　环境变化（绿色领域）与收入增长的关系，1990－2005 年（控制初始收入）

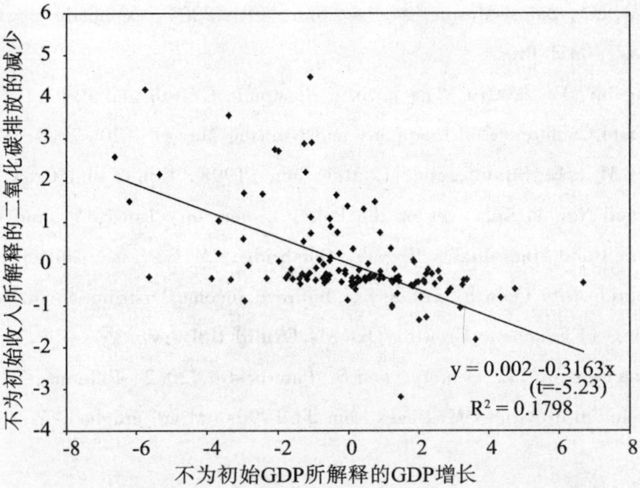

图 A1.2 二氧化碳排放量下降与收入增长之间的关系，1990－2005 年（控制初始收入）

参考文献

1. Aniceto C. Orbeta Jr., 1996, Structural Adjustment and Poverty Alleviation in the Philippines, Discussion paper series No. 96－04.

2. Acemoglu, Daron, 2005, "The Persistence of Inefficient States", draft available at www. mit. edu.

3. Acemoglu, D., & Ventura, J., 2002, The world income distribution. The Quarterly Journal of Economics, 117 (2), 659－694.

4. Agénor, Pierre Richard, and Kyriakos C. Neanidis, 2006, "The Allocation of Public Expenditure and Economic Growth", Centre for Growth and Business Cycle Research Discussion Paper Series, University of Manchester, No. 69.

5. Aghion, Philippe, and Peter Howitt, 1998, *Endogenous Growth Theory*, Cambridge, MA: MIT Press.

6. Alesina, Alberto, and Dani Rodrik, 1994, "Distributive Politics and Economic Growth", *Quarterly Journal of Economics* 109 (3): 465－90.

7. Alesina, Alberto, Nouriel Roubini, and Gerald D. Cohen, 1997, *Political Cycles and the Macroeconomy*. Cambridge, MA: MIT Press.

8. Ames, B, W. Brown, S. Devarajan, and A. Izquierdo, 2000, Macroeconomic issues. In World Bank: PRSP Sourcebook (version of September 21, 2000).

9. Barro, R. J. , Sala-i-Martin, X. , & ebrary, I. , 2004, Economic growth, (2nd ed.). Cambridge, Mass. : MIT Press.

10. Bourgignon, F. , 2001a, The Pace of Economic Growth and Poverty Reduction. Paper presented at CESifo Conference on Inequality and Growth, May 18 - 20, 2001. Munich: CESifo.

11. Bruno, M. , L. Squire, and M. Ravallion, 1998, Equity and Growth in Developing Countries: Old and New Perspectives on the Policy Issues, in: Tanzi, V. and K. Chu (eds.) Income Distribution and High-quality Growth. Cambridge: MIT Press. Chenery, H. B. et al. , 1974. Redistribution with Growth: Policies to Improve Income Distribution in Developing Countries in the Context of Economic Growth. Oxford: Oxford University Press.

12. Christiaensen, L. L. Demery, and S. Paternostro, 2002, Reforms, Economic Growth, and Poverty Reduction in Africa: Messages from the 1990s. Mimeographed. Washington DC: The World Bank.

13. Dollar, D. and A. Kraay, 2002, Growth is Good for the poor. Journal of Economic Growth 7: 195 - 225. Dolmas, Jim: "Risk Preferences and the Welfare Cost of Business Cycles", Review of Economic Dynamics, Vol. 1, No. 3, 1998, pp. 646 - 676.

14. Eichengreen, B. J. , Pak, Y. , & Wyplosz, C. , 2008, China, Asia, and the new world economy. Oxford ; New York: Oxford University Press.

15. Epaulard, Anne and Aude Pommeret, 2003, "Recursive Utility, Growth, and the Welfare Cost of Volatility", Review of Economic Dynamics, Vol. 6, No. 2, pp. 672 - 684.

16. Imrohoroglu, Ayse and Selahattin Imrohoroglu, 1997, "On the Welfare Cost of Business Cycles and Reduced Growth in Turkey", Working paper.

17. Jones, Charles I. , and Paul M. Romer, 2009, "The New Kaldor Facts: Ideas, Institutions, Population, and Human Capital", presentation at the Jan 2009, Annual Meeting of AEA on "the secrets of growth: what have we learned from research in the last 25 years?"

18. Klimenko, M. M. , 2004, Industrial targeting, experimentation and long-run specialization. Journal of Development Economics, 73 (1), 75 - 105.

19. Korinek, A. , & Servén, L. , 2010, Real Exchange Rate Undervaluation: Static Losses, Dynamic Gains. Unpublished paper.

20. Kramer, Shlomi, 2010, " International Reserves Accumulation and Endogenous Growth", Princeton University, November 2010.

21. Lewis, W. A. , 1954, Economic Development with Unlimited Supplies of Labour. Manchester Sch. Econ. Soc. Stud. , pp. 139 - 91.

22. Lim, Wonhyuk, 2011, "Overcoming the Middle-Income Trap", presentation at the Frontiers in Development Polity Course, April 6, 2011.

23. Lin, Justin Yifu, 2010, "New Structural Economics". World Bank Policy Research

Working Paper 5197.

24. Lin, Justin Yifu and Celestin Monga, 2011, "Growth Identification and Facilitation: the role fo the state in the dynamics of structural change", Policy Research Working Paper 5313, World Bank, Washington DC.

25. López, Ramón E., Vinod Thomas and Yan Wang, 2008, "The Quality of Growth: Fiscal Policies for Better Results", IEG Working Paper presented to the Committee for Development Effectiveness, June 23.

26. López, Ramón E., and Greg Galinato, 2007, "Should Governments Stop Subsidies to Private Goods? Evidence from Rural Latin America", *Journal of Public Economics* 91 (5 - 6): 1071 - 94.

27. López, Ramón E., and Asif Islam. "Fiscal Policy and the Environment", Background note 3 for "More and Better Growth" project.

28. López, Ramón E., and Sebastian Miller. "The Structure of Public Expenditure: A Robust Predictor of Economic Development?" Background paper 1 for "More and Better Growth" project.

29. López, Ramón E., and Máximo Torero. "How Growth and Fiscal Policies Affect Income Distribution in Developing Countries", Background paper 2 for "More and Better Growth" project.

30. Mankiw, N. g., D. Romer and D. N. Weil, 1992, "A contribution to tho Empirics of Economic Growth", The Quarterly Journal of Economics, Vol. 107, pp. 407 - 438.

31. Mehta, S.; Cohen, A.; Ngo, L.; Smith, K.; Edwards, R.; Giang, L.; Tuan, N. D., 1995, Assessing the Relation Among Air Pollution, Poverty, and Health in Ho Chi Minh City. Epidemiology, November 2006, Volume 17, Issue 6, PP S385. Nanak Kakwani and Ernesto M. Pernia, What is Pro-poor Growth? Asian Development Review, vol. 18, no. 1. Ramey G, V. A. Ramey.: "Cross-country Evidence on the Link Between Volatility and Growth", American Economic Review, Vol. 85, No. 5, 1995, pp. 1138 - 1151.

32. Ravalion, M., 2002, Growth, inequality, and Poverty: Looking Beyond Averages. Mimeographed, the World Bank.

33. Ravallion, M., and S. Chen, 2003, Measuring Pro-poor Growth. Economic Letters 78: 1, 93 - 99.

34. Robert J. Barro, 2002, "Quantity and Quality of Economic Growth", Working Papers from Central Bank of Chile, pp. 1 - 39

35. Robert E. Lucas, 2009, "Trade and the Diffusion of the Industrial Revolution", American Economic Journal: Macroeconomics, American Economic Association, vol. 1 (1), pages 1 - 25, January.

36. Ostry, Johnathan D. Atish R Ghosh, Karl Habermeier, Marcos Chamon, Mahvash S Qureshi and Deinis B. S. Reinhardt, 2010, "Capital Inflows: The Role of Controls" IMF Staff Position Note, International Monetary Fund, Washington.

37. Ravallion, Martin, and Shaohua Chen, 2004, "China's (Uneven) Progress Against Poverty", World Bank Policy Research Working Paper no. WPS 3408, World Bank, Washington, DC.

38. Ravallion, Martin, Mark T. Heil, and Jyotsna Jalan, 2000, "Carbon Emission and Income Inquality", *Oxford Economic Papers* 52 (4) (October): 651 - 669.

39. Rodrik, D., 2008, The real exchange rate and economic growth, Brookings Papers on Economic Activity, 2008, pp. 365 - 412.

40. Rodrik, D., 2009, Growth after the Crisis. CEPR Working Paper, No. 7480.

41. Romer, Paul, 1990, "Endogenous Technological Change", *Journal of Political Economy*. 98 (5): S71 - 102.

42. Ross, Catherine, and Wu, Chia-ling, 1995, "The links between Education and health", American Sociological Review, Vol. 60, No. 5 (Oct., 1995), pp. 719 - 745.

43. Rothschild, Michael and Joseph Stiglitz, 1976, "Equilibrium in Competitive Insurance Markets: An Essay on the Economics of Imperfect Information", *Quarterly Journal of Economics* 90 (4): 630 - 49.

44. Vinod Thomas, Mansoor Dailami, Ashok Dhareshwar, Ramon E. López, Daniel Kaufmann, Nalin Kishor, and Yan Wang, 2000, *The Quality of Growth*. New York: Oxford University Press.

45. Vinod Thomas, Yan Wang, and Xibo Fan, 2003, "Measuring Education Inequality: Gini Coefficients of Education", World Bank Policy Research Working Papers 2525, World Bank, and later published in *Journal of Education Planning and Administration*, 17 (1): (January 2003): 5 - 33.

46. Vinod Thomas, 2000, The quality of growth, The world bank report.

47. World Bank, 2006, *Equity and Development. World Development Report*. New York: Oxford University Press.

48. ——. 2007b. *Development Results in Middle-Income Countries*. An Evaluation of the World Bank's Support. Report no. 39962, June 8, 2007. Independent Evaluation Group. Washington, DC: World Bank.

49. ——. 2007c. "*Delivering On the Promise of Pro-Poor Growth*", edited by T. Belsey and L. Cord, Palgrave Macmillan and World Bank, Washington DC.

50. World Bank, 2011, Global Economic Prospect. January 2011.

51. World Bank, 2011, Global Development Horizon, May 2011. See details at http: //

web. worldbank. org/WBSITE/EXTERNAL/EXTDEC/EXTDECPROSPECTS/EXTGDH/0， me-nuPK：7933477 ~ pagePK：64167702 ~ piPK：64167676 ~ theSitePK：7933464，00. html

52. World Bank，2010，"G20 and Global Development：report prepared by Staff of the World Bank for G20 Growth Framework and Mutual Assessment Process"，June 26 - 27，2010.

53. 钞小静，2010 年：《中国转型时期经济增长质量的理论与实证分析》，人民出版社。

54. 杜家远、刘先凡，1991 年："浅析经济增长的质量"，《中南财经大学学报》，1991 年第 4 期，P51 - 52。

55. 杜志雄、肖卫东、詹琳，2010 年：《包容性发展的理论脉络、要义与政策内涵》，工作论文。

56. 黄祖辉，2011（12）："包容性发展与中国转型"，《人民论坛》。

57. 何立胜、林世选，1998（5）："体制转换时期河南省城市贫困层问题研究"，《河南社会科学》。

58. 胡鞍钢、胡琳琳、常志霄，2006（5）："中国经济增长与减少贫困（1978 - 2004）"，《清华大学学报：哲社版》。

59. 康梅，2004（9）："投资增长模式下经济增长因素分解与经济增长质量"，《数量经济技术经济研究》。

60. 卡马耶夫，1983 年：《经济增长的速度和质量》，陈华山、左东官、何剑等译，湖北人民出版社，第 19 - 32 页。

61. 刘树成，2007（6）："论又好又快发展"，《经济研究》。

62. 刘亚建，2002（4）："我国经济增长效率分析"，《思想战线》，第 30 - 33 页。

63. 马清裕、陈田、牛亚菲、钱志鸿，1999（4）："北京城市贫困人口特征、成因及其解困对策"，《地理研究》。

64. 彭德芬，2002 年：《经济增长的质量研究》，华中师范大学出版社。

65. 任保平、高煜，2010 年：《中国经济增长质量报告（2010）》，中国经济出版社。

66. 王积业，2000（1）："关于提高经济增长质量的宏观思考"，《宏观经济研究》，第 11 - 17 页。

67. 徐尚和，1985（2）："平凉市峡门回族乡调整产业结构改变贫困面貌调查报告"，《社会科学》。

第3章

中国经济增长与减贫成就（1978－2010年）

1978年以来，中国经济持续高速增长，贫困人口也随之大规模减少。但是，不同的阶段，经济增长的减贫效果不同。已有的研究表明，中国经济增长的减贫效果在下降。但是，无论如何，历史的经验证明，中国的经济增长带来了广大人民生活水平的改善和贫困人口的大规模下降。本章主要回顾中国经济增长的减贫效果。

3.1 中国经济增长

1978－2010年，中国GDP以年均近10%的速度持续、高速增长，在短短30多年间，由一个积贫积弱的国家跃升为中等收入国家。经历全球金融危机之后，2010年中国经济增长进一步回升到10.3%，GDP达到人民币397983亿元，相当于58791亿美元，超过日本，成为仅次于美国的世界第二大经济体（国家统计局，2011）。

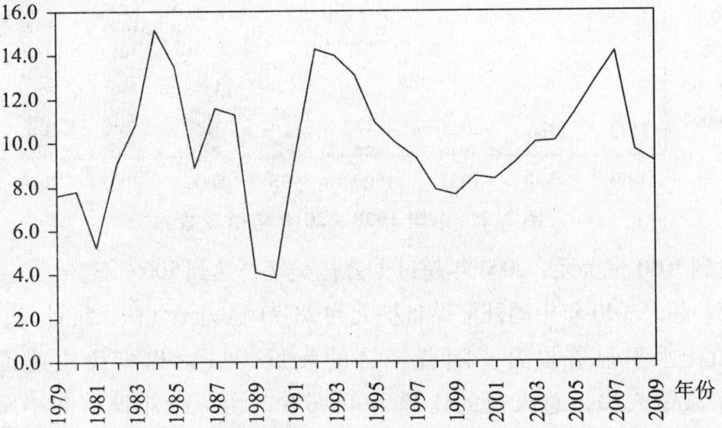

图3.1 中国GDP增长率（1978=100）

产业结构持续改善。产业结构基本实现以工农业为主向一、二、三次产业协同发展的转变。30年来，三次产业在调整中均得到长足发展，农业基础地位不断强化，工业实现持续快速发展，服务业迅速发展壮大。三次产业增加值在国内生产总值中所占的比例由1978年的28.2:47.9:23.9调整为2010年的10.2:46.8:43.0（国家统计局，2011）。

国家财政实力不断增强。经济快速发展和规模扩大的同时带来了国家财力的增加。1978年国家财政收入仅1132亿元，1985年翻了一番，达到2005亿元。1995年以来，国家财政收入进入快速增长阶段，2010年达到83102亿元。财力的增加对促进经济发展、加强经济和社会中的薄弱环节、切实改善民生、有效应对各种风险和自然灾害的冲击提供了有力的资金保障（国家统计局，2011）。

外汇储备实现由短缺到富足的历史性转变。1978年，中国外汇储备仅1.67亿美元，人均只有0.17美元，折合成人民币不足1块钱，短缺是当时外汇储备的基本特征，出口创汇是发展对外贸易的基本动力。但随着中国对外经济的发展壮大，经常项目贸易盈余不断积累，外汇储备的短缺迅速成为历史，1990年外汇储备超过百亿美元，达到111亿美元，1996年超过千亿

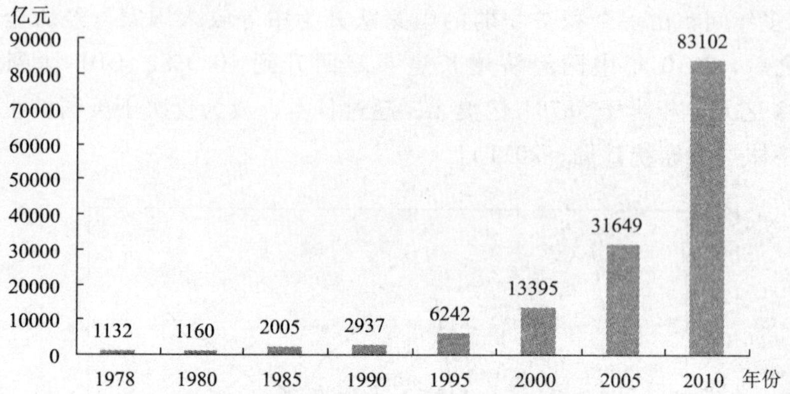

图 3.2 中国 1978 - 2010 年财政收入

美元，达到 1050 亿美元，2006 年超过 1 万亿美元，达到 10663 亿美元，超过日本位居世界第一位，2010 年中国外汇储备扩大到 28473 亿美元（国家统计局，2011）。

城镇化水平显著提升。随着经济的发展，城镇化步伐快速推进。2009 年，中国城镇人口占总人口的比重为 46.6%。由大中小城市和小城镇构成的城镇体系初步形成，城市群迅速崛起，人口和经济集聚能力显著增强。

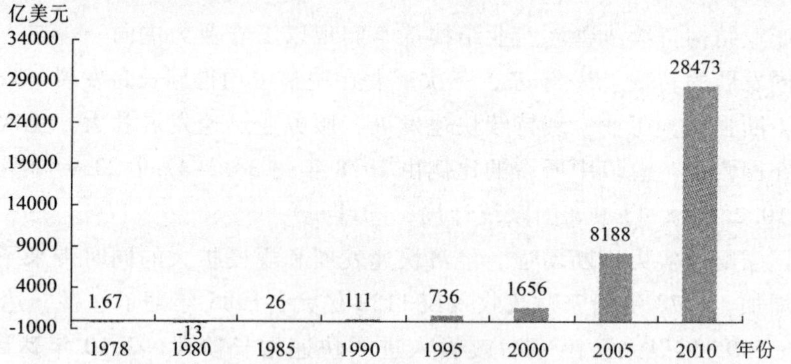

图 3.3 中国的外汇储备

3.2 中国农村减贫成就

3.2.1 收入贫困显著下降

改革开放以来，中国扶贫开发取得巨大成就。伴随着持续高速的经济增长，粮食产量稳步提高，农村基础设施明显改善，农民生活水平不断提高，农村文化社会事业发展取得明显进步。贫困人口迅速下降，按照中国官方贫困线，从1978年的2.5亿人下降到2009年的3597万人，占农村总人口的比重由30.7%下降到3.6%。

世界银行2009年3月出版的《中国贫困和不平等问题评估》指出，按照世界银行的每人每天消费1.08美元（1993年购买力平价美元）贫困标准（2003年农村价格计，平均每人每年888元人民币）计算，中国的扶贫成就则更为显著。从1981年到2004年，在世界银行的这个贫困线以下的人口所占的比例从65%下降到10%，贫困人口的数量从6.52亿降到1.35亿，5亿多人摆脱了贫困。在如此短的时间里使如此多的人摆脱了贫困，对于全人类来说这是史无前例的。在这段时间内，全部发展中国家贫困人口的绝对数量从15亿减少到了11亿。换句话说，如果没有中国的扶贫努力，在20世纪的最后20年，发展中国家贫困人口数量不会有所减少（World Bank, 2009）。按照世界银行陈少华的估计，2008年中国消费水平低于1.25美元的人口比例为12.6%（图3.4）。

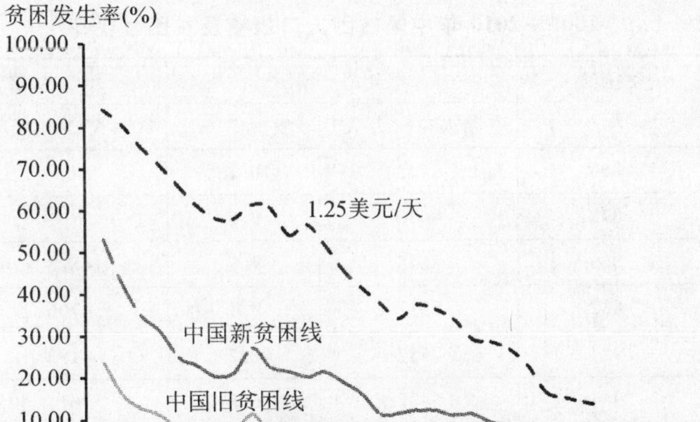

图3.4 消费水平低于贫困线的人口比例

资料来源：陈少华（2011），中国国际扶贫中心讲座。

改革开放以来，中国的反贫困政策经历了几个不同的阶段。在不同阶段的政策推动下，取得相应阶段的减贫成就。第一阶段：1978－1985年，制度变革推动的大规模缓解贫困。在这一阶段，中国政府主要通过以土地家庭承包制为主的农村经济制度改革，推动了贫困人口的大规模减少。贫困人口从1978年的2.5亿人下降到1985年的1.25亿人，平均每年减少1786万人，相应的贫困发生率由30.7%减少到14.8%，年均递减速度为9.4%（张磊，2007）。第二阶段：1986－2000年，高速经济增长及区域性瞄准为主的开发式扶贫。在这一阶段，中国政府进一步放开农业生产要素价格和改革农产品价格体系，鼓励劳动力流动和创办乡镇企业。高速的经济增长与区域性瞄准为主的开发式扶贫共同推动了这一阶段贫困人口的减少。到2000年，贫困人口减少到9422万人，贫困发生率下降为10.2%。第三阶段：2001－2010年，全面建设小康社会进程中的扶贫开发。这一阶段中国政府颁布并实施了《中国农村扶贫开发纲要（2001－2010年）》，明确提出到2010年尽快解决剩余贫困人口温饱问题。特别是中国政府提出全面建设小康社会的战略，从多个方面促进贫困地区和贫困人口的发展。贫困人口由2001年的9030万人，下降到2010年的2688万人，贫困发生率由9.8%下降到2.8%（表3.1）。在中国政府确定的592个扶贫重点县，贫困发生率从2002年的24.3%下降到2010年的8.3%。

表3.1　　2000－2010年中国贫困人口规模及贫困发生率

年份	贫困线（元/人·年）	全国		扶贫重点县	
		贫困人口（万人）	发生率%	贫困人口（万人）	发生率%
2000	865	9422	10.2		
2001	872	9030	9.8		
2002	869	8645	9.2	4828	24.3
2003	882	8517	9.1	4706	23.7
2004	924	7587	8.2	4193	21.0
2005	944	6432	6.8	3611	18.0
2006	958	5698	6.0	3110	15.4
2007	1067	4320	4.6	2620	13.0
2008	1196	4007	4.2	2421	11.9
2009	1196	3597	3.6	2175	10.7
2010	1274	2688	2.8	1693	8.3

资料来源：《农村贫困监测资料2010》。

3.2.2 农民生活质量明显提高

耐用消费品不断增加。随着农民收入的不断提高以及贫困人口的不断下降，农民除了吃饭之外，逐步地可以购买耐用消费品，提高生活质量。耐用消费品反映了农户根据过去多年的积累并结合当年的收入及其消费偏好形成的生活资产。观察农户耐用消费品拥有量的变化，可以比收入指标更为全面地衡量农户生活质量的改善。从全国农村居民耐用消费品的拥有量来看，2010年每百户农民拥有冰箱、冰柜45.2台，彩色电视机118.2台，摩托车59.0辆，电话197.3部。相应地，592个扶贫重点县农民生活质量也得到明显改善。2010年扶贫重点县每百户农民拥有冰箱、冰柜23.8台，彩色电视机94.8台，摩托车45.0辆，电话128.4部（表3.2）。无论是全国农村居民还是扶贫重点县农村居民，耐用消费品相比2002年都有明显增加。

表3.2 中国农村居民（扶贫重点县）农户耐用消费品拥有量

单位：台（辆、部）/百户

年份	冰箱、冰柜	电视机	其中：彩电	摩托车	固定和移动电话
2000	12.3	101.7	48.7	21.9	30.7
2001	13.6	105.1	54.4	24.7	42.2
2002	14.8（4.8）	108.6（79.5）	60.5	28.1（12.9）	54.5（21.2）
2003	15.9（5.4）	110.6（85.0）	67.8（47.2）	31.8（16.1）	72.8（28.1）
2004	17.8（6.2）	113.0（88.4）	75.1（52.8）	36.2（19.1）	89.2（35.9）
2005	20.1（7.5）	105.9（91.3）	84.1（65.3）	40.7（24.7）	108.6（54.5）
2006	22.5（9.2）	106.9（95.7）	89.4（75.4）	44.6（29.0）	126.2（70.5）
2007	26.1（11.4）	106.5（98.1）	94.4（81.2）	48.5（33.0）	146.2（86.3）
2008	30.2（14.1）	109.1（99.4）	99.2（85.5）	52.5（36.4）	163.1（99.9）
2009	37.1（18.6）	116.6（101.2）	108.9（90.0）	56.6（40.8）	177.9（114.6）
2010	45.2（23.8）	118.2（－）	96.0（94.8）	59.0（46.5）	197.3（128.4）

资料来源：《农村贫困监测资料2010》。

注：括号内的数据为扶贫重点县数据。

3.2.3 教育和健康不断改善

通过九年义务教育和针对贫困家庭的“免学杂费”、“免教科书费”、“贫困家庭寄宿制学生生活费补助”、“希望工程”等政策和项目，农村儿童特别是贫困家庭儿童的教育状况得到了显著的改善。据全国农村住户调查，到2010年底，全国7－15岁儿童的在校率达到98.0%，比2002年底提高了3.6个百分点，其中扶贫重点县7－15岁儿童在校率达到97.7%，比2002年提高了6.7个百分点（表3.3）。

表3.3　中国农村（扶贫重点县）分年龄段儿童在校率（%）

年份	7－15岁	其中	
		7－12岁	13－15岁
2000	94.1	96.4	90.6
2001	94.1	96.6	90.7
2002	94.4（91.0）	96.2（94.9）	92.3（85.4）
2003	95.8（92.2）	97.4（95.2）	93.9（88.4）
2004	97.3（93.5）	98.5（95.8）	95.9（90.7）
2005	97.2（94.6）	98.5（96.9）	95.5（91.7）
2006	98.3（95.3）	99.2（97.0）	97.3（92.9）
2007	97.4（96.4）	98.2（97.7）	96.6（94.4）
2008	97.6（97.0）	97.2（97.9）	98.1（95.7）
2009	97.9（97.4）	97.8（98.2）	97.9（96.2）
2010	98.0（97.7）	97.7（98.3）	98.6（96.8）

资料来源：《农村贫困监测资料2010》。

注：括号内的数据为扶贫重点县数据。

农村居民整体健康状况在改善。2002－2010年，扶贫重点县身体健康的人口比例在93%以上。此外，有病能就医的人口由2002年的83.8%，上升到2010年的91.4%，提高了7.6个百分点。患有大病和长期慢性病的人口比例下降（表3.4）。

表3.4　中国扶贫重点县农村居民健康情况（%）

年份	健康	有残疾	患有大病	长期慢性病	体弱多病	有病能及时就医的人口比重
2002	91.7	1.4	0.6	2	4.3	83.8
2003	92.8	1.2	0.5	1.6	3.8	85.3
2004	93.0	1.2	0.5	1.6	3.8	85.2
2005	93.3	1	0.4	1.6	3.7	86.1
2006	93.2	1.1	0.4	1.5	3.8	86.5

续表

年份	健康	有残疾	患有大病	长期慢性病	体弱多病	有病能及时就医的人口比重
2007	93.2	1.1	0.4	1.5	3.8	88.6
2008	93.3	1	0.4	1.4	3.8	90.1
2009	92.9	1.3	0.4	1.5	3.9	91.2
2010	93.1	1.2	0.4	1.4	3.8	91.4

资料来源：《农村贫困监测资料2010》。

3.2.4 饮水困难和安全饮用水得到改善

近十年来，中国政府投入大量的专项资金解决饮水困难和安全饮用水问题。扶贫重点县农户饮用水水源有污染的比例不断下降，从2002年的15.5%下降到2009年的5.8%；取得饮用水困难的农户比例由2002年的19.8%下降到2009年的9.5%（图3.5）。

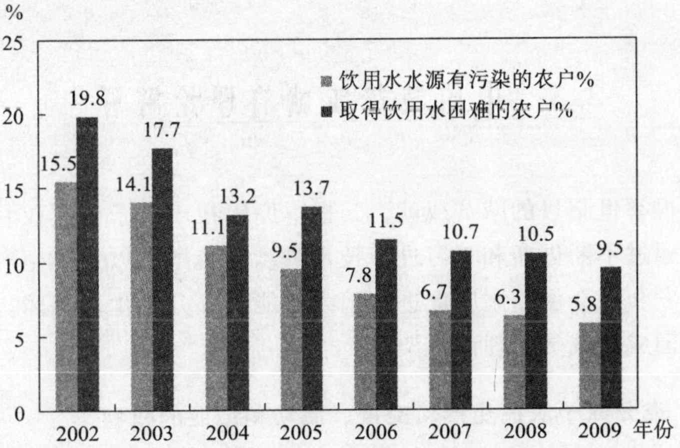

图3.5 扶贫重点县农户饮用水安全和困难状况

资料来源：作者计算。

3.2.5 农村基础设施明显改善

在实施“整村推进”减贫战略框架下，中国的扶贫开发从贫困的多个维度提升贫困地区和贫困人口的发展能力。在扶贫开发中，把通公路、通电、通电话和通电视作为“四通”项目，进行扶贫开发以及监测评估。表3.5显示，扶贫重点县自 2002 年以来，“四通”比例明显提高。到 2010 年扶贫重点县自然村通公路的比例达到 88.1%，通电的比例达到 98.0%，通电话的比例达到 92.9%，能接收电视节目的比例达到 95.6%。

表 3.5 中国扶贫重点县自然村基础设施

年份	通公路的村%	通电的村%	通电话的村%	通电视节目%
2002	72.2	93.0	52.6	83.9
2003	75.1	94.2	59.3	86.7
2004	77.7	95.3	64.6	88.0
2005	79.0	95.9	74.0	87.8
2006	81.2	96.0	80.2	89.3
2007	82.8	96.5	85.2	92.2
2008	84.4	96.8	87.5	92.9
2009	86.9	98.0	91.2	94.5
2010	88.1	98.0	92.9	95.6

资料来源：《农村贫困监测资料 2010》。

3.3 中国减贫成就的理论解释

中国取得举世瞩目的减贫成就，其根本原因在于赋予人类权利，以解放生产力；并通过不断创新和学习进行技术进步和变革，以发展生产力；通过专项扶贫开发和社会保障制度促进贫困人口能力提升和生活保障。图 3.6 简要概括了中国成功减贫的理论框架。

3.3.1 充分赋予农民生产、交换、流动和创业的权利

贫困的根源在于对基本可行能力的剥夺，即对权利的剥夺（Sen, 1999）。因此，消除贫困不仅仅是提高贫困人口的收入，其根本在于消除贫困的根源，即提高贫困人口的基本能力，赋予其平等发展的权利。

人类平等发展和免受饥饿所需的基本权利可以概括为经济权利和政治权利。经济权利的核心在于产权。现代产权理论认为清晰的产权能够有效地激励人们对所拥有的经济物品的用途进行选择，选择的结果能够改善和提高资源的配置效率。人们有了选择的权利，就拥有了平等发展的基本权利。

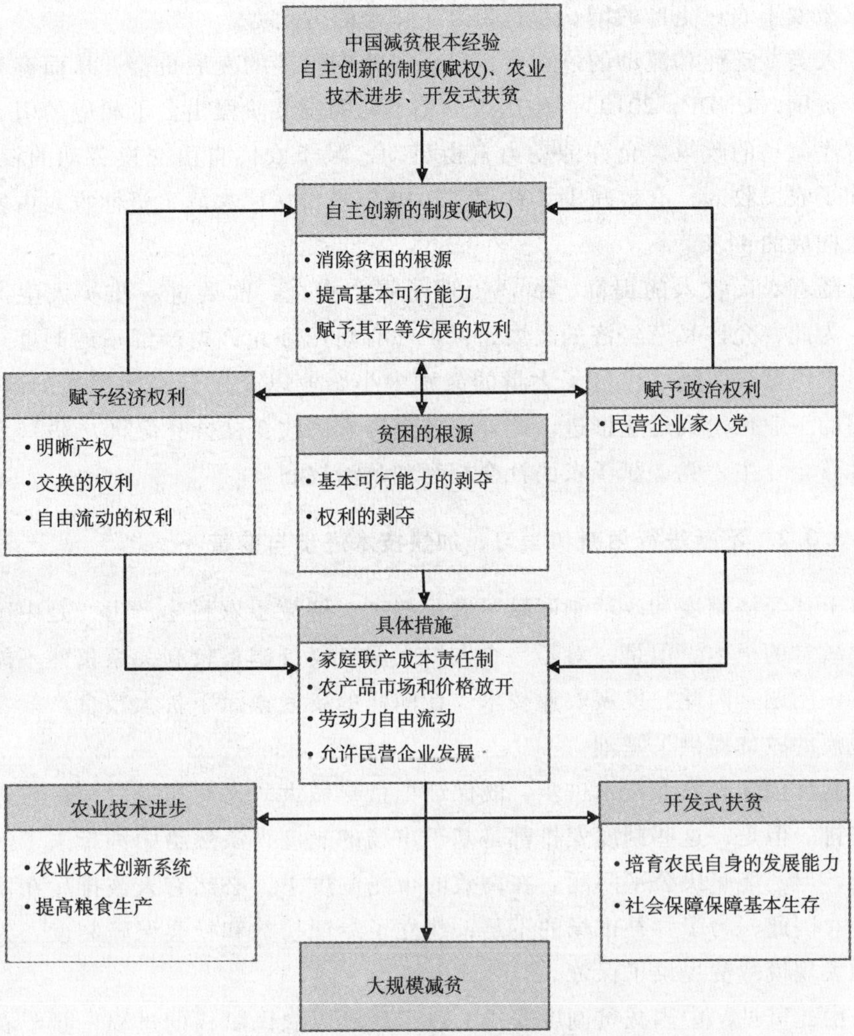

图 3.6　中国大规模减贫理论框架图

中国大规模减贫的根本经验在于找到了贫困的根源，在根本上赋予贫困人口平等发展的权利，即在经济上通过土地家庭承包责任制，赋予农民自由选择在土地上生产的权利，有效地激励农民选择最优的方式进行生产。农民是否能够选择最优的方式进行生产，需要完备的市场供求和价格的信息。放开农产品的市场和价格，既赋予农民在市场上自由交换剩余产品的权利，也保证了农民根据市场信息选择最优方式进行生产的权利。对农民土地赋权，不仅激发了农业生产的增长，也带来了剩余的劳动力。

人类在迁徙和流动的过程中，可以寻找到更多的发展机会，从而有利于减少贫困（UNDP，2010）。中国政府在不同的发展阶段出台了相应的引导农民有序流动的政策，允许劳动力自由流动，赋予农民自由交换劳动的权利，增加了农民收入，有效减少了贫困。2010年农村居民家庭工资性收入占家庭收入构成的41%。

随着农民收入的提高，农户出现了剩余资金，需要进一步扩大生产经营。为此，允许私营经济的发展，保护私有财产和允许财产继承的制度进一步对农民赋权。随之出台了大量的鼓励中小企业以及民营经济发展的政策，中国的工业化得到迅速推进。此外，还允许农民改变社会身份（户籍）和允许私营企业主入党，赋予农民社会权利和政治权利。

3.3.2 不断进行创新和学习，加快技术进步与变革

上述经济制度和政治制度赋予农民权利，解放了农村生产力，是中国大规模减贫的根本。但是，对于一个人口大国，仅仅调整权利关系仍然不能解决贫困问题。因此，发展农业技术，在同样的要素禀赋下扩大粮食产量，为大规模的减贫提供了基础。

制度创新和农业技术进步，既保证把蛋糕做大，又对如何分配蛋糕进行了安排。但是，这些制度安排都是基于市场的制度，虽然给中国带来了经济增长，但不能解决公平问题。在高效的市场制度下，必然有人被排斥在发展之外。因此，为了弥补市场的不足，建立了专项扶贫和社会保障制度，为中国的大规模减贫提供了保障。

由此可见，中国减贫制度安排的过程就是对农民赋权的过程，赋予农民平等发展机会的过程。

3.3.3 制度创新、技术进步共同促进发展

中国大规模减贫的根本经验在于自主创新的制度、农业生产的技术进步、开发式扶贫和社会保障体系大大减少了致贫的因素。在自主创新的制度方面，赋予农民生产、交换、流动的权利；通过农业生产的技术进步提高粮食生产；大规模的开发式扶贫培育农民自身的发展能力，农村的社会保障政策保障基本生存。不断提高的教育和健康，促进人力资本的不断形成。其中

自主的制度创新并赋予农民权利是中国大规模减贫的根本，农业的技术进步是基础，开发式扶贫和社会保障体系是保障。三个方面的结合形成了中国大规模减贫的根本经验。

中国的开发式扶贫是基于能力方法的专项扶贫制度。开发式扶贫是对市场交换和生产过程的补充，保障了农民拥有发展的权利和平等发展的机会，这种机会也是对一个人交换权利的补充。当一个人在身无分文的情况下，他的资源禀赋的交换权利就不能为其提供充足的商品组合，如果没有开发式扶贫系统所提供保证的最低限度的商品组合，也就无法实现其交换权利。

中国扶贫开发历来是多维的。例如，我们最大的经验就是“整村推进”，即主导产业、基本设施（路、水、电）、社会发展（教育、卫生）和环境整治等全方位推进。“整村推进”基于村庄发展需求的优先序，给予公共政策干预，既从多维度推进了贫困的减少和发展能力的提高，也有效节约了反贫困干预的公共资金。

大规模的开发式扶贫培育了农民自身的发展能力，农村的社会保障政策保障了农民的基本生存权利。农村的“低保”政策是针对低收入人口的一种普惠制的政策，目标是保障基本生存权利。

参考文献

1. 国家统计局，2011 年：“新发展　新跨越　新篇章——‘十一五’经济社会发展成就系列报告之一”，国家统计局网站，2011 年 3 月 1 日。

2. 张磊，2007 年：《中国农村扶贫开发历程（1978 - 2005 年）》，中国财政经济出版社。

3. Sen A., 1999, Development as Freedom, Oxford University Press.

4. UNDP, 2009, Human Development Report 2009: Overcoming barriers: Human mobility and development, UNDP.

5. World Bank, 2009, From Poor Areas to Poor People: China's Evolving Poverty Reduction Agenda: An Assessment of Poverty and Inequality in China, The World Bank, 2009.

第4章 中国经济增长质量的结构分析

改革开放30多年，中国的经济增长和社会发展取得了奇迹般的成就，工业化和城市化快速推进，人民生活水平迅速改善，经济体制的市场化转轨也取得了明显成效。但随着经济的高速增长以及全球经济形势的变化，中国经济增长的结构性问题越来越突出。如何调整结构，提高经济增长的质量，让中低收入人口和贫困人口在增长中受益，促进发展机会的公平，是中国政府在第十二个五年规划以及到2020年全面建成小康社会进程中，需要重点考虑的宏观政策。本章首先分析判断中国从什么时候发生了结构性变化；其次，分析中国经济结构的特征；最后，给出中国经济增长质量的结构分析结论。

4.1 中国从哪年开始发生经济增长质量的结构变化

中国广阔的国土面积上，如此大规模人口的经济体持续长时期的高速增长和发展，是人类历史上还不曾有过的奇迹。但是，中国当前也面临着许多严峻的挑战和问题。最为突出的问题是，人均收入水平仍然较低，但收入差距、工农差距、城乡差距和地区差距等都比较大；许多低收入者未能充分分享经济改革和发展的成果。此外，看病难、看病贵、上学难、上学贵，低收入人群生活水平较低等问题还比较突出，威胁到社会的和谐与稳定。在这样的背景下，中国政府提出遵循以人为本的科学发展观，实现国民经济又好又快发展，构建社会主义和谐社会的宏伟目标（林毅夫、刘培林，2008）。林毅夫、刘培林（2008）认为，应该在初次分配领域就获得公平和效率的统一，亦即使有工作能力的劳动者能够充分就业，并且使“穷人”具有优势的劳动力的报酬水平——即工资的增长快于“富人”具有优势的资本回报的增长，以缩小贫富差距，改善收入分配。良好的经济结构是提高经济增长质量的前提，那么，到底是从哪一年开始，中国的经济增长发生了结构性的变化呢？

4.1.1 从 GDP 增长与居民收入增长观察结构性变化

衡量经济增长质量的指标之一是看经济增长给民众带来的好处，即经济增长的成果是否被最广大的人民群众所分享。为此，我们构建图 4.1 这样一个简单的分析模型来进行判断。即观察 GDP 的增长与城乡居民收入的增长情况。图 4.1 旨在分析改革开放以来，随着中国 GDP 的迅速增长，城乡居民收入增长的情况。从图中明显可以看出，2000 年之前，经济增长与城乡居民收入增长基本上是同步的。但是，2000 - 2009 年发生结构性转变，即经济增长更多地体现为 GDP 的增长，而城镇和农村居民人均收入并没有相应得到提高。也就是说，2000 年之后，经济增长的成果更多地被其他的主体分享。按照当年价格计算，2001 - 2009 年，人均 GDP 年均增长 15.2%，城镇居民人均可支配收入年均增长 12.2%，农村居民人均纯收入年均增长 10.2%。也就是说，2001 年以来，中国的经济增长质量在居民相对受益这一方面发生了结构性变化。2000 年是结构性变化的转折点，之后，居民收入的增长远远落后于 GDP 的增长。

4.1.2 政府、企业和居民之间收入分配的不协调

在一个经济体内，为了分析经济增长成果分配的情况，本书粗略地将利益主体划分为政府、企业和居民，用规模以上工业企业的利润总额作为企业

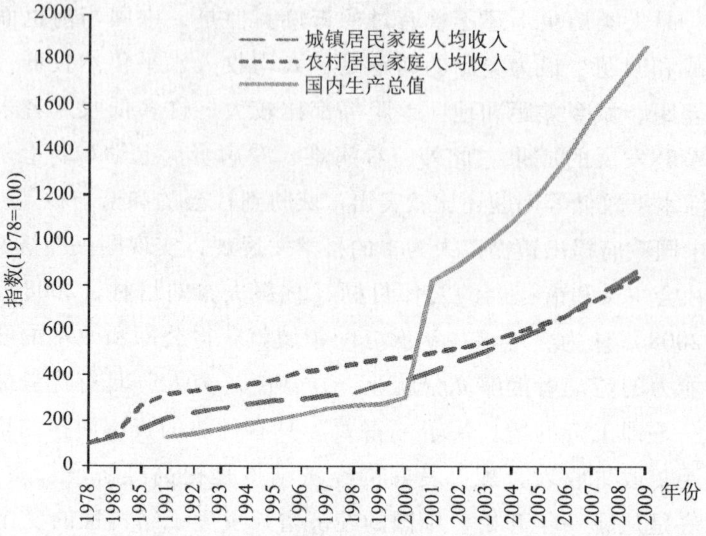

4.1　中国 GDP、城乡居民人均收入增长情况（1978－2009 年）

数据来源：《中国统计年鉴 2010》，作者计算。

的代理变量，用国家财政收入作为政府的代理变量，用城乡居民收入作为居民的代理变量。

图 4.2 表明，2001－2009 年，规模以上工业企业利润总额和国家财政收入均呈指数增长，且企业利润增长的指数大于国家财政收入增长的指数。规模以上工业企业利润总额年均增长 26.3%，国家财政收入年均增长 19.6%。图 4.3 表明，2001－2009 年，城镇居民人均可支配收入和农村居民人均纯收入都呈线性增长，城乡居民人均收入年均增长分别为 12.2% 和 10.2%。此外，农村居民纯收入与城镇居民人均可支配收入的差距（缺口）在不断扩大。

上述分析表明，2001 年以来，中国经济增长的成果在政府、企业和居民三者之间的分配出现了结构性变化，企业和政府分享了更多的经济成果，无论是城镇还是农村居民，收入都没有得到相应的同步增长。经过十年，到 2010 年，伴随着中国经济通货膨胀压力的增大，住房、医疗甚至吃饭等民生问题变得更加突出。因此，“十二五”提出，坚持把“保障和改善民生”作为加快转变经济发展方式的根本出发点和落脚点。这无疑是十分正确的。这就要求，中国至少在两方面进行结构调整。一方面是让人们享有公平的发展机会；另一方面是让增长有利于穷人。前者是指经济增长的包容性或共享性（inclusive），后者是指经济增长的利穷性（pro－poor）。

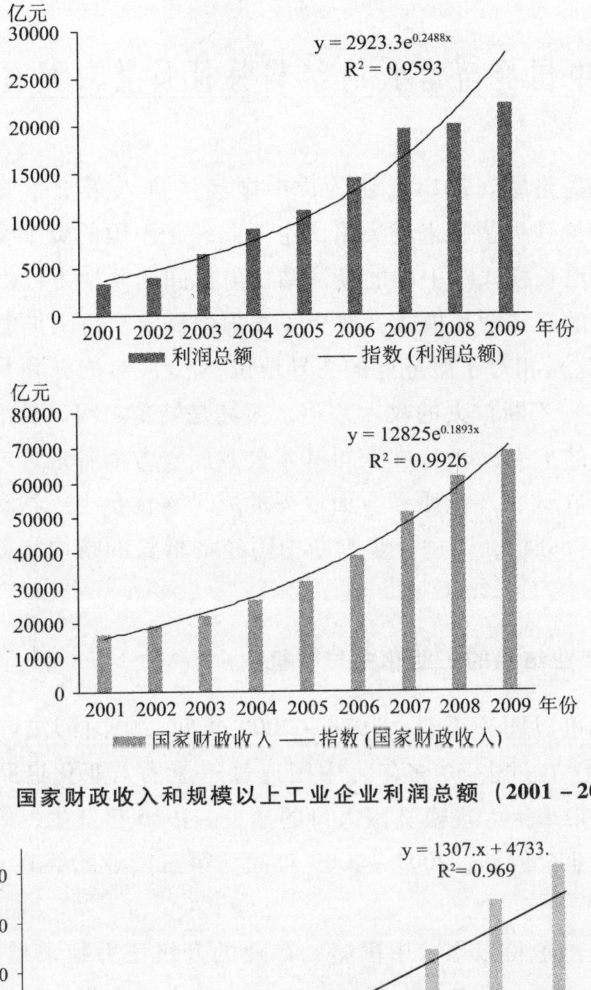

图 4.2　国家财政收入和规模以上工业企业利润总额（2001－2009 年）

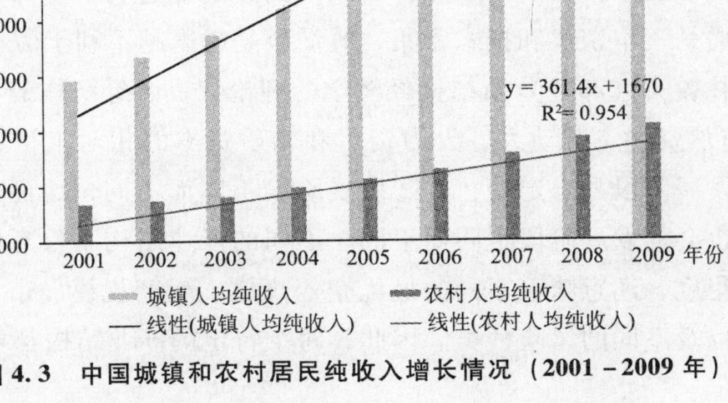

图 4.3　中国城镇和农村居民纯收入增长情况（2001－2009 年）

4.2 中国经济增长的结构特征及其对减贫的影响

世界银行高路易（2010）认为，中国经济进入第十一五（2006－2010年）期间，结构性失衡越来越突出。主要归咎于中国的资本密集型产业和以工业为主导的增长模式。中国的经济结构失衡问题概括为：（1）严重依赖投资和出口拉动的经济增长模式，较少关注国内需求，特别是消费；（2）工业（尤其是重工业）相对于服务业的主导地位；（3）对能源和其他资源需求的迅速增加；（4）不断扩大的收入差距，尤其是城乡之间以及沿海和内陆省份之间收入差距的扩大；（5）在获得基本公共服务方面各地区之间存在显著的不均衡；（6）在改善环境质量方面取得的成果喜忧参半。本章拟对几个重要的经济结构进行分析，以进一步判断中国经济增长的结构特征及其对减贫的影响。

4.2.1 产业结构的工业化主导特征

从图 4.4 可以明确看出，1978－2009 年间，中国第二产业结构一直在 46% 左右徘徊。在过去 30 多年，中国通过迅速的工业化道路，实现了持续的高增长，也带来了大规模贫困人口的减少。1986 年开始，第三产业的比例超过了第一产业。但是，2001－2009 年间，第三产业始终在 41% 左右徘徊，增长乏力。

2008 年金融危机以来，中国第二产业的升级压力越来越大，相对印度、越南、南非等发展中国家，中国制造业的劳动力成本优势越来越不明显。国际竞争以及节能减排的共同压力，导致中国制造业进行产业升级。产业升级的基本取向是资本密集和技术密集，其结果是越来越不利于劳动力就业。

按照林毅夫（2009）新结构经济学的理论，一个经济体的禀赋及其结构（定义为自然资源、劳动力、人力资本和物质资本的相对丰裕程度）在每一个特定的发展阶段是给定的，并随发展阶段不同而不同，因而经济体的最优产业结构也会随发展阶段不同而不同。不同的产业结构不仅意味着不同的产业资本密集度，还意味着不同的最优企业规模、生产规模、市场范围、交易复杂程度以及不同的风险种类。因此，每个特定的产业结构都要求与之相适

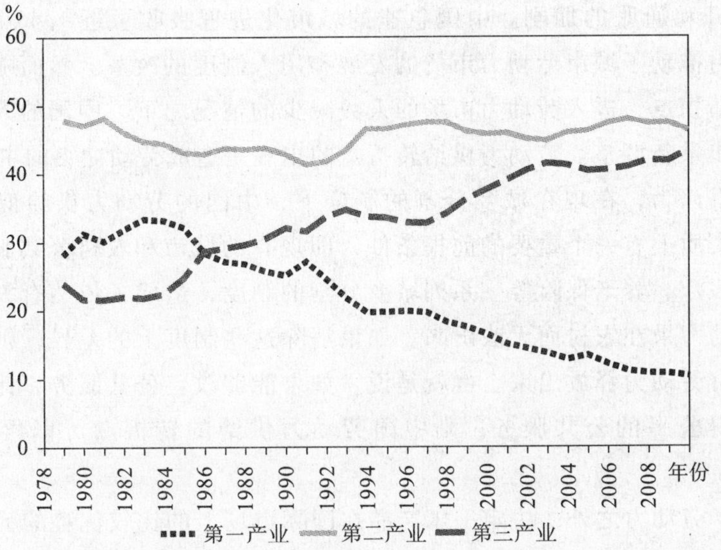

图 4.4 中国产业结构（1978 – 2009 年）

应的基础设施（包括“硬性”和“软性”）来尽可能降低运行和交易费用。“硬性”基础设施包括能源、交通和通信系统等；“软性”基础设施包括金融体系、管制、教育体系、司法体系、社会网络、价值体系及经济体中其他无形的结构。发展中国家的产业升级过程，必须与反映物质人力资本积累和要素禀赋结构变化的比较优势变化相一致；只有这样，才能确保新产业中的企业具备自生能力。

中国以工业为主导的经济增长模式还能持续多久？这取决于以下几个条件：一是劳动力是否仍然具有优势，或者说中国的“人口红利”还能维持多久；另一方面取决于新结构经济学所谓的基础设施，这些基础设施构成了一国产品在国际市场上是否具有竞争力优势的重要部分。

就劳动力而言，蔡昉（2010）认为，中国劳动力过剩的终结，意味着更高的生产力应该为农民工带来更好的制度性服务。中国劳动力短缺和劳动力成本上升之间的矛盾日益尖锐，造成劳资双方的敌意也与日俱增。通过建立集体协商机制也只是缓解矛盾的权宜之计，解决问题的根本之道在于建立一套成熟的劳动力市场制度。中国劳动力成本上涨无法避免，原因在于供求关系，而非血汗工厂中工人意识的觉醒。中国曾经拥有大量廉价劳动力，但目前中国已到达刘易斯拐点，劳动力优势随之消失，同时出现的还有工资、消费的上升和通胀的加剧。中国急速的城市化进程吸收了近1.45亿农民工，并且大力推动了城市劳动力市场的发展和用人制度的改革。然而随着中国到达刘易斯拐点、进入劳动力市场的人数减少的情况之下，中国的人力资源也在进一步重新调整。劳动力供给转折点的出现是造成劳动冲突的主要原因。

本书认为，在现在城乡分割的制度下，中国的劳动力供给似乎到达拐点。这实质上有一个重要的前提条件，即现有的城市和农村公共服务，例如教育、医疗、养老保险等一系列城乡分割的制度，造成了依然有大量的农村剩余劳动力呆在农村而无法出来。如果消除这些制度上的差异，则中国的农村还会有劳动力释放出来。也就是说，如果能够改善公共服务，让城乡居民都能获得公平的公共服务，则中国劳动力供给的转折点可以再推迟一定时期。

除了劳动力之外，决定一国产品在国际市场上的比较优势的另一部分是因基础设施不同而产生的交易费用。例如，非洲大多数国家的劳动力成本要远比中国目前的劳动力成本低得多，但是，在非洲物流、金融、信息等其他基础设施造成的交易成本远远高于中国。

从这个意义上讲，中国的工业主导发展模式还能持续多久取决于另外两个条件：一是通过完善公共服务制度，消除对农民就业的歧视，可以释放出更多的劳动力，来维持中国的劳动力成本优势。二是完善基础设施，其中大多数是现代服务业的范畴，降低交易费用，增加就业，确保工业主导发展模式优势的延续，并最终转向以现代服务业+现代工业体系为核心竞争力的国际竞争优势。反之，如果中国不消除现有的城乡不同的公共服务，必然给农村劳动力进入城市（工业和服务业）增加障碍。这是十分不利于扩大就业、维持中国制造业的国际竞争优势，十分不利于减贫的。

图4.5显示，2001年以来，中国工业和服务业的增长一直比较快。特别是金融危机之后，工业的增长又远高出服务业和农业的增长。但是进入2010年后，中国工业增长的速度放缓。

4.2.2 高投资率、低消费率的结构特征

图4.6表明，2005年以来，政府主导的固定资产投资同比增长超过20%。为了应对金融危机，2009年政府的大规模扩张性投资最高的季度同比增长超过40%。2010年，政府主导的固定资产投资开始下降。房地产固定

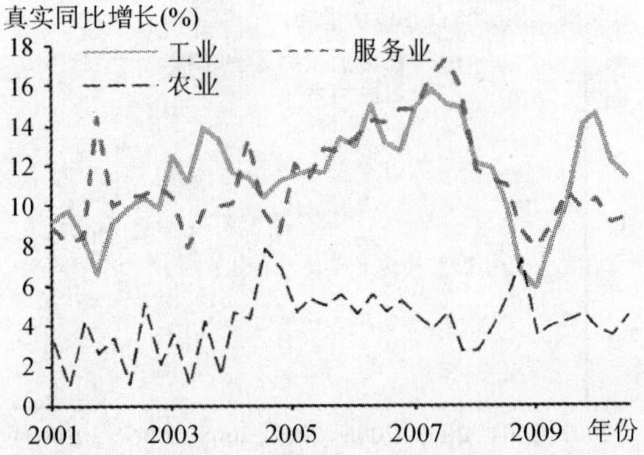

图 4.5 中国各产业的增长（2001－2009 年）

资产投资经历了金融危机的低谷之后，再次拉高。虽然 2010 年中央政府出台了一系列旨在防止房地产泡沫的调控政策，房地产的投资增长得到遏制，但仍然较高。

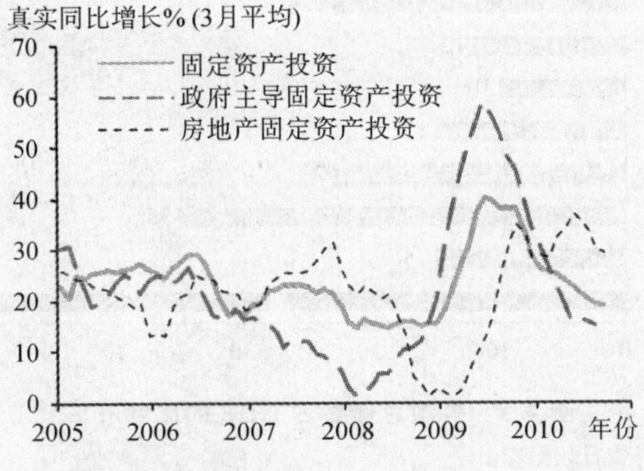

图 4.6 中国固定资产投资（2005－2010 年）

资料来源：世界银行（2010）。

图 4.7 表明，居民消费增长速度相对于图 4.6 的固定资产投资增长速度很低。特别是进入 2010 年以来，居民消费增速在下降。高投资率、低消费率是一个发展中国家积累资本、打破资金瓶颈约束的关键。

图 4.8 表明，无论与发达国家、金砖国家，还是与其他发展中国家相比较，中国总储蓄占 GDP 的比例都远远高于其他国家。总储蓄的计算方法为国民总收入减去总消费额，再加上净转移支付。这就是说，中国的消费占 GDP 的比例相对其他国家而言很低。

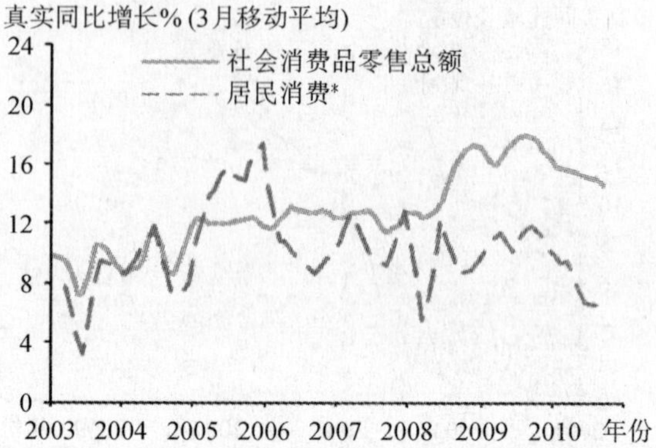

图 4.7 中国居民消费（2003－2010 年）

资料来源：世界银行（2010）。

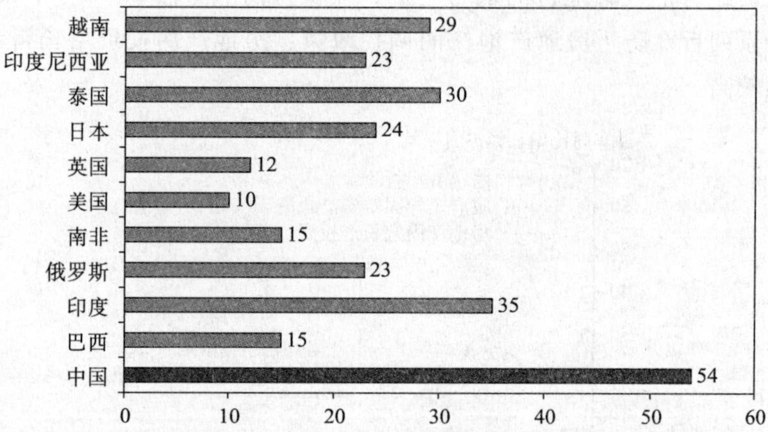

图 4.8 各国总储蓄占 GDP 的比例（%）

资料来源：世界银行数据库。

就高储蓄率是否就导致消费不足，陈卫东、王家强（2010）认为，高储蓄率是东亚国家的一个突出共性，与传统文化、金融市场发展滞后、社会保障体系等因素有关。研究表明，东亚经济的高增长与高储蓄率密不可分；外部盈余较大会带来较高储蓄水平；经济高增长会通过增加居民收入提高居民的储蓄能力。尽管中国居民收入的增速没有企业利润和财政收入的增速高，但从国际比较看，中国居民收入的增长速度也居于世界前列。许多亚洲国家在经济高增长阶段都出现了高储蓄现象。从这个角度看，不能认为居民储蓄率高，消费就必然不足。正因为有高储蓄率，才支撑了中国 30 年来的高投资率和高增长。本书认为，持续几十年的高投资率、低消费率，会造成经济增长过度依赖于投资，而消费对经济增长的拉动不足。收入分配的贫富差距扩大，进一步会恶化消费结构。由于富人的消费弹性远远低于穷人的消费弹性。如果收入分配恶化，则更不利于通过消费拉动经济增长。

4.2.3 高外汇储备、高出口率的结构特征

中国改革开放以来，不断增强外汇储备。1985 年外汇储备只有 26.4 亿美元，到 2010 年已经达到 2.8 万亿美元（表 4.1）。截至 2011 年 3 月底，中国外汇储备已经高达 3.04 万亿美元，同比增长了 24.4%。中国的外汇储备居世界第一，比排名第二的日本高出近 2 万亿美元。现在，越来越多的专家认为，中国外汇储备过高的形势不容乐观。中国人民银行行长周小川认为，外汇储备已经超过了我国需要的合理水平，外汇积累过多，导致市场流动性过多，也增加了央行对冲工作的压力。章家敦（2011）认为，中国人民银行看似非常强大，然而该行亟需重组，它十有八九已经资不抵债。他认为，中国是用升值的人民币来购买正在贬值的资产，如美元。例如，2010 年底以来人民币对美元升值了 1.1%，自 2009 年底以来提高了 4.5%。随着中国人民银行购买越来越多的外汇，资产负债表的情况势必会变糟。中国央行这种缺陷的金融状况可能会产生两个后果：第一，必须有人承担其重组产生的经济负担。这实际上意味着这将由中国公民来承担。第二，中国央行所负的债务会增加中国中央政府的债务。由公民负担，无论是直接通过征税方式还是间接通过降低银行存款利率，都意味着他们的可支配收入的减少。可支配收入越少，拉动内需的能力就越弱。本书认为，中国过高的外汇储备虽然超过了合理水平，但不至于导致中国人民银行资不抵债。但是，若管理不善，则会损害国民利益。

表 4.1 中国外汇储备

年份	人均 GDP（美元）	城镇居民人均可支配收入（元）	农村居民人均纯收入（元）	外汇储备（亿美元）	人民币存款余额（亿元）
1985	292.2	739.1	397.6	26.4	4560.0
1990	343.7	1510.2	686.3	110.9	13942.9
1995	604.2	4283.0	1577.7	736.0	53882.1
2000	949.2	6280.0	2253.4	1655.7	123804.4
2005	1715.5	10493.0	3254.9	8188.7	287163.0
2008	3268.2	15780.0	4760.6	19460.3	466203.0
2009	3735.0	17174.7	5175.0	23991.5	597741.1
2010	4500.0	19109.0	5919.0	28000.0	718233.2

中国通过采取出口导向的政策，成功地实现了多年持续高速增长。林毅夫（2009）认为，中国与其他新兴工业化经济体如日本和东亚四小龙（韩国、新加坡、香港、台湾），通过出口导向型的发展战略，从原本落后的农业经济沿着产业阶梯进行了迅速的产业升级。这些成功的例子，就像自由市场经济学、理性预期学派和华盛顿共识所预期的那样，市场无不对资源配置起着基础性的作用；但同时，正如凯恩斯理论和结构主义所设想的那样，政府在经济发展和转型过程中也发挥了积极的作用。

图 4.9 显示，2006 - 2010 年，中国除了遭遇金融危机的特殊年份外，净出口对 GDP 增长的贡献都很高。但是，中国目前需要面对的问题是，若不提高最低工资水平，保持中国制造业的出口优势，则相当于中国工人用辛勤的劳动补贴了国外消费者。但是，如提高最低工资水平，就会使劳动密集型产品的国际竞争优势下降，出口减少，就业减少，同样不利于减贫。因此，本书建议，消除城乡公共服务的差异，降低农民进城的成本，继续维持低劳动力成本的优势，给产业转型升级与农民工技能的提升留足时间。另外，加紧新生代农民工的劳动力技能培训，为产业升级做好准备。

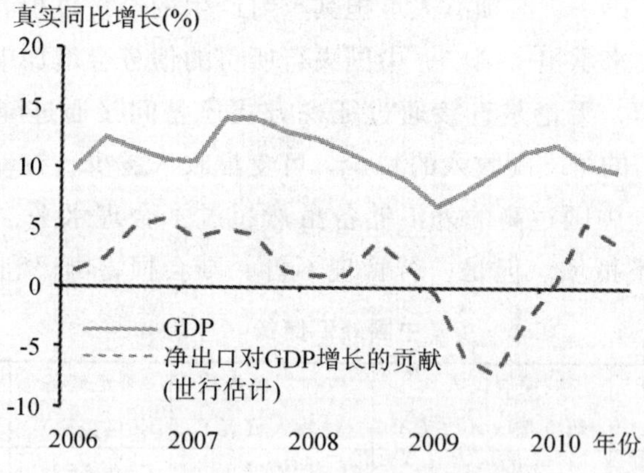

图 4.9　中国净出口对 GDP 增长的贡献

资料来源：世界银行。

4.2.4　石油的高消费和高进口结构特征

中国经济快速增长，对石油的需求十分强劲。1990 年中国石油消费量 1.15 亿吨，到 2010 年高达 4.49 亿吨（图 4.10）。到 2008 年，中国的石油进口量占消费量的比例已经高达61.70%（表4.2）。消费石油最大的产业为工业，2008年占41.83%，其次是交通运输、仓储和邮政业，占35.60%。制造业和交通运输业领域的大规模能耗，以及石油进口依存度超过50%，使得中国的能源安全被提到越来越高的地位。

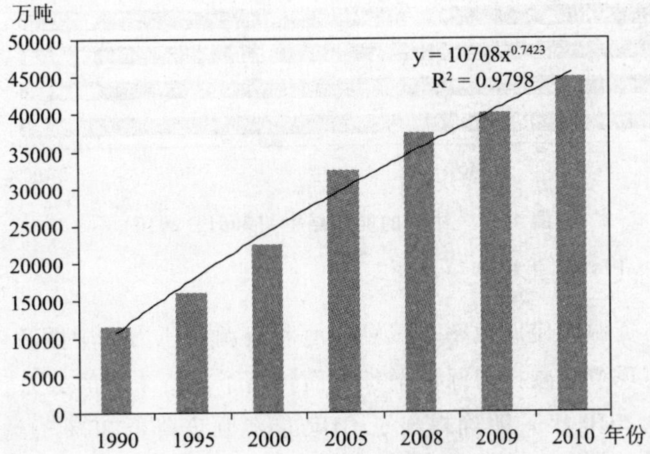

图4.10 中国石油消费量

表4.2 **年中国石油平衡表**

项目 / 年份	1990	1995	2000	2005	2008
消费量（万吨）	11485.60	16064.90	22495.93	32537.73	37302.85
工业（%）	63.75	58.20	50.00	43.78	41.83
交通运输、仓储和邮政业（%）	14.65	17.83	28.45	32.91	35.60
进口量（万吨）	755.60	3673.20	9748.49	17163.15	23015.45
进口量占消费量（%）	6.58	22.86	43.33	52.75	61.70

数据来源：《中国统计年鉴2010》。

图4.11表明，2009年中国的能源消费结构仍以原煤为主，占70.4%，水电、核电、风电等新能源的消费比例仅7.8%。由于原煤消费的高比例，导致节能减排的压力十分大。

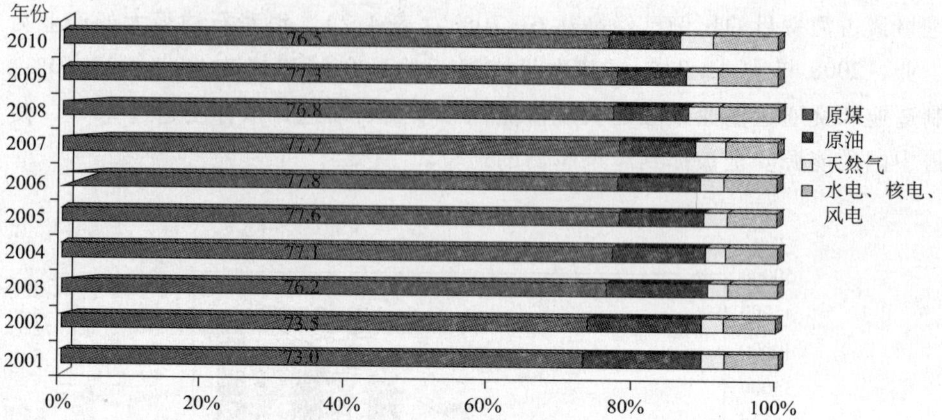

图 4.11 中国的能源结构（2001-2010）

资料来源：《中国统计年鉴 2011》。

为了提高资源的使用效率，减轻环境和资源的压力，中国政府在过去的五年中，在实现节能减排与绿色增长方面付出了前所未有的努力。“十一五”计划（2006-2010 年）明确提出了 GDP 能源强度降低 20% 的约束性指标。中国已出台了一系列的节能政策、法律法规，并开展了多项节能活动。所涉及到的领域涉及中国经济的方方面面。中国省级政府直接管辖着重点用能领域内大多数的能耗大户，并负责整合相关资源开展具体工作，因此在实施国家各项节能政策、落实具体节能活动方面发挥着至关重要的作用（世界银行）。

高煤炭消费比例，给环境的压力增大。已有的科学证据表明，气候变化对穷人生计的影响更大。由于高能耗带来的经济增长质量的下降，会更多地影响使贫困人口。因此，近几年中国政府加强了节能减排的力度，这既是对国际社会在碳排放方面的贡献，也是对贫困人口受益的一项长期的、间接的公共政策。中国应该更多地获得国际碳融资市场的支持。

案例 1：山东省位于中国东部沿海，2008 年人口达 9400 万，名列全国第二。2008 年 GDP 达 31000 亿元人民币（相当于 3875 亿美元），全国排名第二，年能源消耗量达 3.42 亿吨标煤，全国排名第一。2008 年制造业 GDP 占山东的 57%，工业能源消耗占总能源消耗的 80%。煤炭消耗占总能源消耗的 80%，即使考虑中国的现状，这一比例也是非常高的。山东省是全国四个在“十一五”计划中提出要将 GDP 的能源强度降低 22% 的省份之一，高于全国 20% 的平均水平。山东省的“十一五”计划还在二氧化硫控制方面确立了较高的强制性目标。山东节能项目的优势在于，组织力度相对较大，而且省政府政策制订力度大。

资料来源：世界银行，《加快推进中国省级节能工作》，2010。

案例2：山西省位于中国的华北地区，是中国最大的煤炭生产基地，2008年生产了6.56亿吨原煤。依赖丰富的煤炭资源，山西省成为了全国能源强度最高的省份之一。2008年，山西省的万元GDP能耗为2.55吨标准煤——是东部省份上海、江苏以及南部省份广东的三倍多。工业部门大多是把原煤加工成相对价值较高的高耗能产品的煤化工产业。因此，山西省单位工业产值能耗是上海或广东的五倍多。山西省消耗的煤炭占全省能源消耗总量的90%以上，而2005年全国平均水平只有69%。高能耗行业占该省总能源消耗量的82%（其中包括火电生产进行能量转换的消耗）。这些行业的能效相对较低。例如，吨钢的能源消耗量比全国平均水平高41%。因为这些原因，山西省成为了全国碳强度最高的经济体。在认识到自身的高能耗实质和提高能效的巨大潜力之后，山西制定了在“十一五”期间将单位GDP能耗降低25%的目标，但在中央政府要求下将节能目标下调到22%。

资料来源：世界银行，《加快推进中国省级节能工作》，2010。

4.2.5 高间接税、低直接税的结构特征

税制结构，特别是直接税与间接税结构是反映税收的调节收入分配职能的重要指标。目前各国通用的划分直接税与间接税的标准是税负转嫁标准，即税负不能转嫁或者不易转嫁、纳税人与负税人一致的税种为直接税，此类税收以所得税类和财产税类税种为主体，如企业所得税、个人所得税、房地产税、遗产和赠与税，等等（社会保障税也属于直接税）；税负能够转嫁或者容易转嫁、纳税人与负税人不一致的税种为间接税，此类税收以货物和劳务税类税种为主体，如增值税、消费税、营业税（销售税）、关税，等等（刘佐，2010）。

Vinod Thomas和王燕（2010）的跨国分析表明，目前各国实施的税收政策并不是累进的。此外，征税会使被调查家庭部门的人均平均消费降低。各种税收无助于收入的再分配，对最富的家庭有利，这并没有在家庭调查中体现出来。这些结果与诸如Lopez和Serven（2007）研究的结果一致，也就是说并不能过多地指望通过征税实现再分配。主要原因在于各国对间接税

的过度依赖，漏税使富人受益以及逃税现象猖獗。

据刘佐（2010）的研究，1994 年中国实行分税制改革时，税收总额为5126.9 亿元，其中直接税收入与间接税收入分别为 1208.6 亿元和 3901.4 亿元；直接税收入和间接税收入占税收总额的比例分别为 23.6% 和 76.4%。

表 4.3 表明，中国 2008 年税收总额 55407.7 亿元，直接税和间接税的比例分别为 60.1% 和 39.9%。经合组织国家间接税的平均比例仅为 32%。因此，与发达国家相比，目前中国的间接税收入占税收总额的比例要高的多，直接税收入占税收总额的比例偏低。其结果是，最终消费者，特别是负担增值税、营业税等普遍征收的间接税的中低收入者负担偏重，税负的累退性比较明显。这样的税收结构是不利贫的。

表 4.3　2008 年中国的直接税与间接税

	项　目	收入额（亿元）	占税收总额的比重（%）
间接税	1. 增值税	19409.7	35.0
	2. 消费税	2836.9	5.1
	3. 营业税	7628.4	13.8
	4. 关税	1770	3.2
	5. 资源税	301.6	0.5
	6. 城市维护建设税	1344.2	2.4
	小计	33290.8	60.1
直接税	1. 企业所得税	12195.2	22.0
	2. 个人所得税	3722.3	6.7
	3. 土地增值税	537.4	1.0
	4. 房产税	551.6	1.0
	5. 城市房地产税	128.7	0.2
	6. 城镇土地使用税	816.9	1.5
	7. 耕地占用税	314.4	0.6
	8. 契税	1307.5	2.4
	9. 车船税	144.2	0.3
	10. 船舶吨税	20.1	0.0
	11. 证券交易印花税	1320.2	2.4
	12. 车辆购置税	989.9	1.8
	13. 烟叶税	67.2	0.1
	14. 固定资产投资方向调节税	1.3	0.0
	小计	22116.9	39.9
合计		55407.7	100.0

Vinod Thomas 和王燕（2010）认为，间接税比例过高，将使得合法税收漏洞主要使富人受益。智利税务机关的报告指出，漏税占 GDP 的近 5%，这其中有 61% 使占人口 1% 的最富阶层受益。因此，建议发展中国家，改革税收制度，填补税收漏洞，减少逃税现象，提高直接税占税收总额的比例，减少对间接税的依赖，降低税收的不公平性。

4.2.6 农业低产值、高就业的结构特征

中国就业结构矛盾的一个重要表现是就业人数在第一、第二和第三产业中的分布严重失衡（表 4.4）。到 2009 年末，第一产业就业人数仍高达 2.97 亿，就业比例占 39.6%，第一产业占 GDP 比例为 10.35%；第三产业就业人数 2.6 亿，就业比例占 33.2%，产值占 GDP 的比例为 43.36%。其矛盾是第一产业就业人数和比例都高于第三产业。

表 4.4 中国产业间就业分布

年份	第一产业就业人员占总就业人员的比重（%）	第二产业就业人员占总就业人员的比重（%）	第三产业就业人员占总就业人员的比重（%）
2001	50	22.3	27.7
2002	50	21.4	28.6
2003	49.1	21.6	29.3
2004	46.9	22.5	30.6
2005	44.8	23.8	31.4
2006	42.6	25.2	32.2
2007	40.8	26.8	32.4
2008	39.6	27.2	33.2
2009	38.1	27.8	34.1

数据来源：《中国统计年鉴 2010》。

李文星、袁志刚（2010）认为，按照其他国家，特别是发达国家的发展经验来看，就业人口的三次产业分布按从小到大的顺序排列应该是第一产业、第二产业和第三产业，并且第三产业的就业人口约占总就业人口的 2/3。中国目前第二产业就业人口所占比例与绝大多数国家，包括美国、日本等发达国家的比例是比较接近的，因此，第二产业的就业人口比重是比较合理的。中国与其他国家在就业结构上的最大差异体现在第一产业和第三产业就

业比重上。与发达国家或大多数国家比，中国第一产业就业比重太高。

根据2009年《中国人口和就业统计年鉴》提供的国别比较数据，2007年，在24个国家或地区（包括美国、日本等发达国家和一些发展中国家）中，第一产业就业人数占总就业人数的比重排名在前几位的分别是巴基斯坦（43.61%）、泰国（41.73%）、印度尼西亚（41.24%）、菲律宾（36.12%）和罗马尼亚（29.47%）。根据2008年《中国统计年鉴》提供的数据，2007年中国第一产业就业人数占总就业人数的比例为40.8%，居第四位。而同期，发达经济体第一产业就业人数占总就业人数的比重则低得多，如英国、美国、德国和日本分别是1.37%、1.43%、2.25%和4.24%。从上述国别比较可以看出，中国虽然自改革开放以来经济增长迅速，就业量有了显著增长，一部分劳动力也转移到了第二和第三产业，但由于农村富余劳动力太多，仍有大规模的人口要从第一产业中转移出来。即使中国人口不变，第一产业就业比重下降一半，也有几亿人口要转移。因此，中国大量农村富余劳动力不能顺利转移到城市以及城市劳动力无法顺利就业与中国第三产业发展滞后密切相关。

4.3 小结

本章结构分析得出以下几个基本结论：

1. 从收入分配的视角来看，中国从2000年开始，发生了结构性变化。其特征是经济增长的成果与城镇和农村居民收入的增长不同步，居民收入的增长速度远远落后于GDP的增长速度。其结果是中国调整宏观经济结构的压力越来越大。

2. 从政府、企业和居民三个利益主体来看，2001年以来，规模以上工业企业利润总额的年均增长速度高达26.3%，国家财政收入的年均增长速度也高达19.6%，而城镇和农村居民纯收入的增长速度分别为12.2%和10.2%，且城镇与农村居民收入差距在不断扩大，政府、企业和居民三大利益主体之间的分配结构失衡。

3. 以工业化为主导的产业结构与就业结构失衡。第一产业就业率过高，第三产业没有得到相应的发展。工业面临不断进行产业升级的压力，对就业越来越不利。城乡分割的公共服务体系，导致城乡就业歧视大，在一定程度上限制了农村劳动力流向城市和工业。因此，如果将城乡公共服务均等化，则可以延缓中国劳动力市场进入刘易斯转折点的时期。加之，一国制造业的竞争优势，除了劳动力成本优势之外，还受基础设施（硬件和软件）所形成的交易费用的影响，中国在今后一段时期内，虽然劳动力成本的优势逐步消失，但因良好的基础设施降低了交易成本的优势依然存在。因此，中国制造业仍在国际上具有一定竞争力。

4. 高投资率、低消费率。中国政府主导的固定资产投资以及房地产固定资产投资比例仍然偏高，居民的消费率明显偏低。完善教育、医疗、养老保障等社会服务，降低居民消费的担忧，改善收入分配是提高消费率、扩大内需的关键。

5. 高外汇储备和高国内储蓄率，共同造成资金管理的压力增加。位居世界第一的外汇储备，越来越受到美国货币信用的影响。需要完善外汇储备管理制度，降低风险。

6. 能源消费的煤炭比例高，石油进口依存度高。中国的能源消费结构中，原煤的比例仍然高达70%多，这给环境和资源带来很大压力。开发新型能源，应对资源枯竭，拓展海外能源市场的压力都在逐步增大。石油进口依存度高达60%，受近期北非、中东地区冲突的影响，我国面临的风险也越来越大。开拓多元化的能源进口策略，分散石油进口风险至关重要。同时，提高能源的使用效率，也十分重要。

7. 过高的间接税比例造成了税负的严重不公平。当前中国的间接税比例仍高达61%，过高比例的间接税造成税负的不公平和收入分配的不公平，不利于提高穷人的生活水平。

参考文献

1. 蔡昉，2010：“中国劳动力市场正经历‘成长的烦恼’”，中国日报网，11月30日。

2. 陈卫东、王家强，2009：“居民消费模式的国际比较及对中国的启示”，《金融发展评论》，第10期。

3. 高路易，2010：《2020年的中国——宏观经济情景分析》，世界银行中国研究论文第9期，第4页。

4. 李文星、袁志刚，2010：“中国就业结构失衡：现状、原因与调整政策”，《劳动经济与劳动关系》，2010 年第 4 期。

5. 林毅夫、刘培林，2008：“以初次分配实现公平与效率的统一、促进和谐发展：中国改革三十年的简要回顾和展望”，林毅夫、庄巨忠等所编著《以共享式增长促进社会和谐》，第 40 – 41 页。

6. 林毅夫，2009：《新结构经济学——垂构发展经济学的框架》。

7. 刘佐，2010：“中国直接税与间接税比重变化趋势研究”，《经济研究参考》，2010 年第 37 期，第 2 – 9 页。

8. 世界银行，2010：“加快推进中国省级节能工作”，《世界银行研究报告》，2010 年 6 月。

9. 章家敦，2011：“庞大外储或成中国央行‘软肋’”，《参考消息》，2011 年 4 月 20 日第 5 版。2 – 9 页。

10. Vinod Thomas，王燕，2010：“运用财政政策转变增长模式，改善增长的质量：跨国性实证分析”，中国国际扶贫中心《研究报告》，第 15 期，第 1 – 32 页。

11. 世界银行，2010：《中国经济季报》，第 3 页，2010 年 11 月。

第 5 章

中国经济增长的利贫性分析

发展最重要的目标是减贫，它可以通过经济增长和收入分配来实现。改革开放 30 多年来，超过 6 亿中国人摆脱了贫困。贫困人口的大幅减少，最重要、最根本的原因在于中国经济持续高速增长。增长是减贫的根本动力。然而，近些年来，中国收入差距不断扩大，贫困人口减少的速度逐渐放缓，给减贫带来巨大挑战。不断扩大的差距，甚至影响社会稳定。为什么会出现这种现象？其背后可能有两个重要的本质原因，还没有被充分认识到。即经济增长的机会不平等导致的包容性（inclusive）不强；经济增长的结果利贫性（pro - poor）较差，穷人较少分享到经济增长的成果。这两个问题不从制度上进行有效改革，则经济增长的减贫效果就会受到影响。为此，2001 年以来，中国政府出台了一系列补贴农业和农民，支持农村发展的公共政策，加大了对农民的转移支付力度，加强了对农村教育、卫生、社会保障等公共服务方面的投资。党的十七届五中全会明确提出，以科学发展为主题，加快转变经济发展方式，到2020年全面实现小康社会。这就要求，提高经济增长的质量，使增长的机会更具包容性，使增长的结果更具利贫性。本书旨在以计量的方法分析2000年以来中国农村经济增长的利贫性。具体研究问题包括：经济增长是否有利于穷人；利贫的增长率有多大，即穷人在经济增长中能获得多少利益；穷人在什么样的条件下获得利益。

5.1 利贫增长的定义与测量方法

5.1.1 利贫增长的定义

学术界对利贫增长的定义有狭义和广义之分。Ravallion（2004）从广义的角度定义利贫增长，能够减少贫困的经济增长就是利贫性的增长（不论减贫的程度大小）。可以通过增长期内贫困发生率的变化来衡量，在收入分配不变条件下，贫困发生率减少，则增长是利贫的。

Kakwani等（2004）从狭义的角度定义利贫增长，并将利贫增长分为相对利贫增长和绝对利贫增长。相对利贫增长是指贫困人口在经济增长受益的速度高于非贫困人口。当增长减少了贫困时，也改善了相对不平等状况，它包括了相对不平等的减少。绝对利贫增长是指贫困人口受益的绝对量等于或高于非贫困人口的绝对量。在这个定义下，经济增长过程中绝对不平等会减少。事实上，这是实现减贫的最高要求，因此被称为“超级减贫战略”（吴忠，2011）。

本书将利贫增长定义为贫困人口在经济增长中受益的速度高于社会平均水平。这一定义既比Ravallion（2004）的广义利贫增长定义对贫困人口的增长要求高一些，又比Kakwani（2004）对利贫增长的要求低一些，是一个更加接近可能实现的利贫增长定义。

5.1.2 利贫增长的测量方法

为了表述本书的测量方法，首先需要明确几个定义：

1. 增长率曲线（Growth Incidence Curve，GIC）

Ravallion和Chen（2001）将增长率曲线定义为，假定t期有收入的人口

比例小于 y，令 F_t（y）表示收入的累积分布函数。第 p 个分位数（quantile）的收入累积分布函数的反函数为：

$$y_t(p) = F_t^{-1}(p) = L'_t(p)\mu_t \qquad (y'_t(p) > 0) \tag{1}$$

式中，$L_t(p)$是洛伦兹曲线（斜率为 $L'_t(p)$），且均值为 μ_t；

比较 $t-1$ 和 t 期，第 p 分位数的收入增长率为 $g_t(p) = [y_t(p)/y_{t-1}(p)] - 1$。令 p 从 0 到 1，$g_t(p)$可描绘出"增长率曲线"：

$$g_t(p) = \frac{L'_t(p)}{L'_{t-1}(p)}(\gamma_t + 1) - 1 \tag{2}$$

式中，$\gamma_t = (\mu_t/\mu_{t-1}) - 1$ 是在 μ_t 的增长率。由（2）式显然可行，若洛伦兹曲线不发生变化，则对于任意 p 有 $g_t(p) = \gamma_t$。而且当且仅当 $y_t(p)/\mu_t$ 随时时间递增时 $g_t(p) > \gamma_t$。对于所有的 p，若 $g_t(p)$是减（增）函数，不平等则下降（增加）。

2. 利贫增长率（pro - poor growth rate，PPG）

在增长率曲线基础上，Ravallion 和 Chen（2001）计算了利贫增长率。首先，通过洛伦兹曲线得到最穷人口的收入函数。如果把人口从穷到富排列，洛伦兹曲线 $L_t(p)$表示累积 $p\%$ 人口的收入分布份额，那么其中第 $p\%$ 人口的平均收入函数 $I_t(p)$就是：

$$I_t(p) = L'_t(p)\bar{y}_t \tag{3}$$

其中，$L'_t(p)$为洛伦兹曲线的导数，即曲线的斜率，$\bar{y}_t$ 表示收入均值。根据收入函数,可以得到穷人的收入增长率函数 $g_t(p)$：

$$g_t(p) = \frac{I_t(p)}{I_{t-1}(p)} - 1 = \frac{L'_t(p)}{L'_{t-1}(p)} \cdot \frac{\bar{y}_t}{\bar{y}_{t-1}} - 1 \tag{4}$$

如果增长率函数 $g_t(p)$是减函数，表示收入分配不均情况有所减轻，反之表示收入分配不均情况加重。

将增长率曲线中贫困人口的增长率加总平均就得到了利贫增长率。利贫增长率 ppg_t 的计算公式如下：

$$PPG = \frac{1}{H}\int_0^t g(p)\,dp \tag{5}$$

其中 $g_t(p)$为穷人的收入增长率函数，H 为贫困发生率。

3. 增长率的收益和损失（losses and gains of growth rate）

Pernia（2003）认为，贫困人口从经济增长中获益按比例地高于非贫困人口，可称之为利贫。在这种情况下，增长将会降低不平等。而洛伦兹曲线的变化可以反映随着经济增长，不平等是减少了还是增加了。因此，如果洛伦兹曲线上移，无疑将减少不平等。由于不平等的减少（增加），而使得贫困减少（增加），称之为增长率的收益（损失）。

如果我们将洛伦兹曲线定义为：

$$L(p) = \frac{1}{\mu}\int_0^p x(q)\,dq \tag{6}$$

式中假定，个体的收入 x 是一个具有随机分布函数 $F(x)$ 的随机变量；$x(p) = F^{-1}(p)$ 是当个体按照收入由低到高排列时，第 $p\%$ 人群的收入水平。

式中，

$$\mu = \int_0^1 x(q)\,dq \tag{7}$$

μ 代表社会的平均收入。洛伦兹曲线进一步可以表示为：

$$L(p) = \frac{\mu_p p}{\mu} \tag{8}$$

式中，$L(p)$ 是人群中最低 $p\%$ 人口的收入份额，μ_p 是最低 $p\%$ 人口的收入均值。对（8）式两边取自然对数，并移项得：

$$Ln(\mu_p) = Ln(\mu L(p)) - Ln(p) \tag{9}$$

对（9）式进行一阶差分，得：

$$g(p) = \Delta Ln(\mu L(p)) \tag{10}$$

式中，$g(p)$ 表示贫困人群增长率。也可表示为：

$$g(p) = \Delta Ln(\mu_p) \tag{11}$$

$g(p)$ 是当个体按照人均收入由低到高排列，最低 $p\%$ 人群收入均值的增长率，这是从 0 到 1 的一个函数。Son（2006）称之为贫困增长曲线（the poverty growth curve）。按照 Atkinson 公理和（10）式，如果对于所有的 p，有 $g(p) > 0$（$g(p) < 0$），我们可以说在两期间贫困下降（或增加）了。这意味着，贫困增长曲线可以测量利贫增长。据此，利贫增长率指数可以定义为：

$$\gamma^* = \int_0^1 g(p)\,dp = \int_0^1 \Delta\ln(\mu L(p))\,dp \tag{12}$$

也可写作：

$$\gamma * = \bar{G} - \Delta\ln(G^*) \tag{13}$$

即利贫增长率指数（γ^*） = 社会平均收入的增长率（$\bar{G}$） - 不平等的变化率（$\Delta\ln(G*)$），其中，G^* 由下式求出：

$$\ln(G^*) = \int_0^1 [\ln(p) - \ln(L(p))] dp \tag{14}$$

如果由 G^* 测量的不平等在一定时期内降低（增加）了，那么利贫增长率将比平均收入的实际增长率更高（更低）。因此，由于不平等的变化，增长率就会有收益和损失。如果我们知道任意两期的收入排序和平均收入，就可以计算利贫增长率及其收益（损失）。

4. 本文的定义及模型

根据上述概念，本书将利贫增长、利贫增长率以及利贫增长率的收益（损失）定义如下：

（1）利贫增长是指贫困人口在经济增长中受益的速度高于社会平均水平；

（2）由收入五等分数据计算的收入增长率均值，为社会平均增长率均值；

（3）贫困人口收入增长率的均值，为利贫增长率；

（4）利贫增长率与社会平均增长率均值的差，为增长率的收益（正值）或损失（负值）。

增长率有收益，表示不平等下降，增长有利于穷人；增长率有损失，表示不平等增加，增长不利于穷人。本书增长区间为三年，计算公式如下：

$$\bar{G} = \frac{1}{N} \sum_1^N (I_t - I_{t-2})^{\frac{1}{3}} - 1 \tag{15}$$

其中 $\bar{G}$ 为社会平均的增长率均值，I_t 表示第 t 期的平均收入，N 表示收入组。

$$PPG = \frac{1}{P} \sum_1^p (I_t - I_{t-2})^{\frac{1}{3}} - 1 \tag{16}$$

其中 PPG 为利贫增长率，I_t 表示第 t 期的平均收入，P 表示贫困人口所在的收入组。

$$G^* = PPG - \bar{G}$$

其中 G^* 表示增长率的收益或损失，当利贫增长率 PPG 与社会平均增长率 $\bar{G}$ 的差为正值，表示增长有利于穷人；当利贫增长率 PPG 与社会平均增

长率 $\bar{G}$ 的差为负值，表示增长不利于穷人。

5.2 数据

由于全国住户数据的不可获得性，本章数据采用国家统计局公布的《中国统计年鉴》2000 - 2010 年农村居民收入五等分数据计算全国农村居民的利贫增长，采用《中国贫困监测报告》2000 - 2010 年 592 个国家扶贫开发重点县数据，计算农村贫困地区的利贫增长。需要指出的是，由于用收入五等分数据代替了住户数据，本项估计将使得收入在人群之间转移的敏感性降低。

本书的贫困人口是指收入五等分数据的低收入户（20%）和中低收入户（20%）。2010 年中国农村居民人均纯收入 5919 元，贫困人口平均收入 2746 元（按照 2005 年购买力平价（PPP），相当于 2.14 美元/天）。

2002 - 2010 年，中国农村居民收入结构发生了明显变化。农村居民家庭经营收入的份额逐年下降，低收入组家庭由 2002 年的 70% 下降为 2010 年 50.2%；高收入组家庭由 2002 年的 51.1 % 下降为 2010 年的 45.7%。工资性收入和转移性收入的比例逐年上升。低收入组家庭的转移性收入由 2002 年的 2.8% 上升为 2010 年的 11.3%。低收入组家庭的转移性收入主要来源于政府对农户的各类补贴和转移性支付。①

无论是高收入户还是低收入户，财产性收入占居民收入的比重都很低，即使是高收入组，财产性收入在 2010 年也只占 5%。

表 5.1　中国农村居民收入五等分数据（元/年）

年份	低收入户	中低收入户	中等收入户	中高收入户	高收入户
2000	802	1440	2004	2767	5190
2001	818	1491	2081	2891	5534
2002	857	1548	2164	3030	5896
2003	866	1607	2273	3207	6347

① 2001 年以来，中国政府对种粮农民提供直接补贴，对农户购置农机具提供补贴，对退耕还林（草）的农户给予转移性支付，对部分奶农以及养猪农户给予补贴。

续表

年份	低收入户	中低收入户	中等收入户	中高收入户	高收入户
2004	1007	1842	2579	3608	6931
2005	1067	2018	2851	4003	7747
2006	1182	2222	3149	4447	8475
2007	1347	2582	3659	5130	9791
2008	1500	2935	4203	5929	11290
2009	1549	3110	4502	6468	12319
2010	1870	3621	5222	7441	14050

资料来源：国家统计局。

表 5.2　　农村居民收入结构（占人均纯收入的百分比%）

年份	2002	2003	2004	2005	2006	2007	2008	2009	2010
低收入户									
工资性收入	26.4	26.9	26.3	30.1	32.6	33.2	35.2	36.3	36.1
家庭经营收入	70	68.2	68	62.1	59.1	57.1	52.1	49.5	50.2
财产性收入	0.8	1.7	1.6	2.1	1.7	2.2	2.1	1.7	2.4
转移性收入	2.8	3.2	4.1	5.7	6.6	7.5	10.6	12.5	11.3
中低收入户									
工资性收入	29.3	30.1	29.5	33.3	36.6	37.6	37.3	38.6	39.5
家庭经营收入	66.8	65.8	65.6	61	57	55.3	53.8	51.7	50.5
财产性收入	1	1.4	1.4	1.6	1.5	1.8	1.6	1.6	2
转移性收入	2.9	2.7	3.5	4.1	4.9	5.3	7.3	8.1	8
中等收入户									
工资性收入	33.1	35	33.1	36.6	39.1	39.6	40.1	41.4	42.9
家庭经营收入	62.8	60.7	62.1	57.9	55	54.1	51.6	49.7	47.8
财产性收入	1.1	1.5	1.5	1.6	1.6	1.8	1.9	1.9	2.3
转移性收入	3	2.8	3.3	3.8	4.3	4.5	6.3	6.9	7
中高收入户									
工资性收入	36.2	38	36.3	38.4	40.6	41.8	42.1	43.4	44.2
家庭经营收入	59.1	57.2	58.7	55.7	53	51.4	49.7	47.6	46.5
财产性收入	1.3	1.7	1.7	2	2	2.3	2.2	2.2	2.5
转移性收入	3.3	3.1	3.3	3.8	4.3	4.6	6	6.8	6.8

续表

年份	2002	2003	2004	2005	2006	2007	2008	2009	2010
高收入户									
工资性收入	40.6	40.6	40.4	40	41.2	40.1	40.1	40.5	41.9
家庭经营收入	51.1	51	51.2	51.2	49.2	49.6	48.8	46.9	45.7
财产性收入	3.3	3.9	3.9	3.9	4.2	4.6	4.7	5.1	5
转移性收入	5	4.5	4.4	4.9	5.3	5.6	6.4	7.4	7.5

资料来源：作者计算。数据来源于国家统计局 2000－2010 年统计年鉴。

5.3 经济增长的利贫性测量结果

5.3.1 全国经济增长的利贫性（农村）

根据本书定义的利贫增长测量方法，得到了中国经济增长利贫性（农村）的测量结果（见表 5.3）。

表 5.3　中国经济增长利贫性（农村）

增长期	社会平均增长率%	利贫增长率%	增长率的收益（+）/损失（－）%	有利于穷人/不利于穷人
2000－2002	3.84	3.23	－0.61	不利贫
2003－2005	9.13	9.19	0.06	利贫
2006－2008	9.01	8.36	－0.65	不利贫
2008－2010	6.56	6.44	－0.12	不利贫
均值	6.70	6.22	－0.48	不利贫

资料来源：作者计算。

注：实际增长率和利贫增长率已用农村消费价格指数剔除物价上涨因素。

2000－2010 年十年间，中国经济继续保持快速增长，经济增长带来了人们生活水平提高和收入增加。剔除物价上涨因素，农村居民收入平均实际增长率为 6.7%。

根据表 5.3 的估计结果，可以得出以下主要结论：

1. 2000 年以来，中国农村经济增长基本上是不利贫的。从利贫性角度来看增长质量，总体上，十年间中国农村的平均利贫增长率为6.22%，与社会平均增长率相比，增长率净损失0.48个百分点。

2. 2000－2010年，利贫增长区间出现在2003－2005年。从增长区间看，2003－2005年间，增长率收益为0.06%。农村最不利于穷人的增长区间出现2000－2002年和2006－2008年。2000－2002年，农村社会平均增长率为3.83%，利贫增长率为3.23%，增长率损失为0.9%。2006－2008年农村社会平均增长率为9.01%，利贫增长率为8.36%，增长率损失为0.65。利贫增长区间出现在2003－2005年。

5.3.2 全国592个农村扶贫开发重点县利贫性

目前，中国的贫困人口仍有半数以上集中在国家划定的扶贫重点县。2010年，扶贫重点县贫困人口占全国农村贫困人口的63%。因此，有必要分析国家扶贫重点县经济的利贫性。

1986年，中国政府为了瞄准贫困人口首次确定了国家扶贫重点县。重点县的确定标准有三类：人均纯收入低于150元（1985年价格）的县；人均纯收入低于200元的少数民族自治县；人均纯收入低于300元的革命老区县。1994年，中国政府重新调整了扶贫重点县标准，人均纯收入低于400元（1992年价格）的县全部纳入国家扶贫重点县，人均纯收入高于700元（1992年价格）的原国家扶贫重点县，一律退出国家扶持范围。根据1994年的调整结果，国家扶贫重点县共有592个，分布在27个省、自治区、直辖市（张磊，2007）。对592个农村扶贫开发重点县增长利贫性的测量结果如表5.4所示。

表5.4 中国592个扶贫开发重点县经济增长利贫性

年份	社会平均增长率%	利贫增长率%	增长率的收益（+）/损失（-）%	有利于穷人/不利于穷人
2000－2002	—	—	—	—
2003－2005	9.12	10.07	0.95	利贫
2006－2008	10.24	10.46	0.22	利贫
2008－2010	6.65	5.87	－0.78	不利贫

资料来源：作者计算。

注：实际增长率和利贫增长率已用农村消费价格指数剔除物价上涨因素。

根据表 5.4 的估计结果，可以得出以下主要结论：

1. 592 个扶贫开发重点县经济增长基本上是利贫的。表 5.4 表明，在数据的三个增长区间，前两个增长区间都是利贫的。只有 2008 - 2010 年的增长区间是不利贫的。

2. 592 个扶贫开发重点县增长率收益在逐期下降。虽然三个增长区间，前两个区间增长率具有正收益，但是从趋势来看，增长率收益由 2003 - 2005 年的 0.95% 下降为 2006 - 2008 年的 0.22%，到金融危机发生期，2008 - 2010 年，增长率出现损失，且高达 0.78%。说明，592 个贫困县增长率在向不利于穷人的方向发展，必须给予宏观政策上的调整，否则发展差距将进一步扩大。

比较表 5.3 和表 5.4 可知，592 个国家扶贫开发重点县增长率的利贫性高于全国农村平均水平，说明国家扶贫开发专项政策的实施是十分有成就的。但是，贫困县增长率收益在 2008 - 2010 年出现损失，不利于贫困人口，也说明国家扶贫开发重点县面临新的挑战。

5.4 利贫性结构分解及原因解释

5.4.1 全国农村经济利贫性结构分解及原因解释

表 5.5 将中国农村利贫增长按照收入结构进行了分解。农村居民收入由四部分构成：工资性收入，从事生产性和非生产性的经营收入，财产性收入和在外人口寄回带回收入，国家财政救济、各种补贴等转移性收入。

表 5.5 中国农村利贫增长结构

利贫性	全国增长	工资性增长	家庭经营性增长	财产性增长	转移性增长
2003 - 2005 年	利贫	利贫	不利贫	利贫	利贫
2006 - 2008 年	不利贫	利贫	不利贫	不利贫	利贫
2008 - 2010 年	不利贫	不利贫	利贫	利贫	不利贫
平均	不利贫	利贫	不利贫	利贫	利贫

续表

	全国增长	工资性增长	家庭经营性增长	财产性增长	转移性增长
利贫增长率%					
2003－2005 年	1.85	13.17	6.13	15.35	29.20
2006－2008 年	7.32	10.09	5.12	13.18	25.28
2008－2010 年	8.36	7.91	4.68	13.74	9.11
平均	9.30	10.31	4.32	12.41	20.70
增长率的收益/损失%					
2003－2005 年	－0.90	2.14	－1.27	1.82	7.51
2006－2008 年	－0.63	0.15	－1.61	－0.47	2.56
2008－2010 年	－0.65	－0.38	0.29	1.80	－1.27
平均	－1.32	0.60	－1.06	0.01	3.14

资料来源：作者计算。

注：实际增长率和利贫增长率已用城乡消费价格指数剔除物价上涨因素。

1. 转移性收入利贫性好。2003－2010 年的结构分解表明，工资性收入、转移性收入和财产性收入都是利贫的，家庭经营收入不利贫。其中转移性收入的社会平均增长率最快，达到 17.56%，转移性收入也最有利于穷人，利贫增长率达到 20.70%。

转移性增长成为利贫增长的重要原因。这主要是由于这一时期国家的转移性增长政策，如“十五”时期的“三补贴、两减免”，即粮食直补、良种补贴和购置更新大型农机具补贴，增加了农村居民的收入。据国家统计局估计，2004 年和 2005 年两年间农民从三项补贴得到的人均收入为 34 元（国家统计局综合司，2006）。另外，税费负担显著下降直到免除农业税，也直接增加了农村居民的收入水平，促进了增长的利贫性。

2. 工资性收入是利贫增长的主要动力。工资性收入平均增长收益为 0.6%，其中 2003－2005 年增长区间的利贫增长率最大，为 13.7%，增长的净收益达到 2.14%。2008－2010 年工资性收入出现增长率损失，主要是受全球金融危机的影响，大量出口导向型的制造业订单减少，工厂开工率不足，大量农民工返乡，致使工资性收入减少。

3. 家庭经营收入不利贫。由于家庭经营收入占农民纯收入的一半，家庭经营收入的不利贫，抵消了其他三项收入的利贫性，进而导致整个农村经济增长的不利贫。加入 WTO 之后，受全球农产品市场的冲击，中国分散的小规模家庭经营处于相当不利的地位。加之农业生产资料价格的上涨，共同导致家庭经营收入增长乏力。农田水利设施的长期失修与建设不足，也导致农业生产应对自然灾害的能力不足，脆弱性大。

5.4.2 592个贫困县经济利贫性原因分析

上述测量结果表明，2002－2010年，扶贫重点县的三个增长区间内出现两个有利于穷人的利贫增长区间。扶贫重点县经济增长更有利于穷人，主要在于以下原因：

1. 国家专项扶贫政策和大量扶贫资金、扶贫项目带来了扶贫重点县经济的利贫增长。《中国农村扶贫开发纲要（2001－2010年）》实施以来，中央财政逐年加大专项扶贫开发资金，这些资金主要用于592个国家扶贫开发重点县。2001年中国专项扶贫资金100亿元，到2010年增加到222亿元。大量的专项扶贫资金和扶贫项目对扶贫重点县的利贫增长发挥了重要作用。

2. 扶贫重点县的收入分配更加公平。社会平均增长率高并不意味着财富在穷人和富人之间的分配是公平的。2003－2005年，扶贫重点县的社会平均增长率在低于全国平均水平的情况下，经济实现了利贫增长，而且利贫增长率比全国平均水平高0.88个百分点（表5.6）。这表明，扶贫重点县的财富分配更趋于公平。

表5.6 全国农村与扶贫重点县利贫增长率比较

	全国农村		重点县		重点县—全国	
	社会平均增长率%	利贫增长率%	社会平均增长率%	利贫增长率%	社会平均增长率%	利贫增长率%
2000－2002	—	—	—	—	—	—
2003－2005	9.13	9.19	9.12	10.07	－0.01	0.88
2006－2008	9.01	8.36	10.24	10.46	1.23	2.1
2008－2010	6.56	6.44	6.65	5.87	0.09	－0.57

3. 包容性的发展政策为穷人提供了更加公平的发展机会。主要表现在：（1）基础设施状况改善。2002年到2010年，扶贫重点县的基础设施情况明显改善，行政村的“四通”率接近全国平均水平。（2）最低生活保障力度加大。2010年扶贫重点县农村低保户覆盖率比全国平均水平高一倍。（3）教育水平提高。在国家大力发展“两基”教育的努力下，扶贫重点县的义务教

育阶段儿童的在校率接近全国平均水平。(国家统计局，2009，2010)

5.5 结论及政策建议

5.5.1 主要结论

1. 2000－2010年，中国农村经济增长的利贫性较差，利贫增长区间出现在2003－2005年间，利贫增长主要动力是政策驱动。

2. 十年间，国家扶贫重点县的增长基本上是利贫的，但增长率收益在逐期下降。一方面表明经济增长的利益并不能自动向贫困人口倾斜，国家专项的扶贫资金和扶贫政策发挥了重要的减贫作用。另一方面表明，重点县的收入差距有扩大的趋势。

3. 从利贫的增长区间看，2003－2005年间的经济增长明显有利于穷人，利贫增长率为9.19%，增长率的净收益为0.06%。从不利贫的增长区间看，2000－2002年农村的利贫增长率最低，仅为3.23%。2003－2005年，农村的增长开始有利于穷人，2006年以后增长的利贫性消失。

4. 2000－2010年，工资性增长和转移性增长成为利贫增长的主要动力。但由于家庭经营收入对穷人的不利影响远超过其他收入来源对穷人收入增长的积极作用，降低了经济增长的利贫性。

5.5.2 主要政策建议

基于上述结论，在未来十年的经济增长中，需进一步加强有利于穷人的政策，建议重点关注以下几方面：

(1) 提高经济增长的质量，使增长的机会更具包容性，增长的结果更具利贫性。本章研究结果表明，政策驱动是促进利贫增长主要动力，国家专项扶贫资金和扶贫政策不仅发挥了减贫的作用，还促进了分配的公平性。因此，建议加强政策向贫困地区和贫困人口的倾斜力度，加大扶贫资金的支持力度，充分发挥政策和专项资金的减贫效果。

(2) 完善并落实就业优惠政策，充分发挥工资性收入的利贫作用。本书的测算结果表明，工资性增长是拉动利贫增长的主要动力。因此，要进一步完善并坚决贯彻落实好就业、再就业政策。具体可以制定就业政策，如税费减免、小额信贷等各项优惠政策措施，以及提供就业服务，如职业介绍、职业指导、职业培训等，培养剩余劳动力在就业市场的竞争能力，促进就业增收。

（3）完善农村社会保障制度提高保障水平，保持转移性收入的利贫性。进一步完善农村养老以及低收入群体在住房、医疗、就业和子女就学等方面的难题，保障最穷人口的基本生活，同时平衡各项制度的公平性。进一步增加农业和农产品的价格补贴。

（4）加强农村产业扶贫和信贷市场建设，改变家庭经营性增长的非利贫性。本章测算表明，家庭经营收入对穷人的不利影响远超过其他收入来源对穷人收入增长的积极作用。建议加强产业扶贫，完善信贷市场，保障家庭经营，促进农民增收。

参考文献：

1. 国家统计局，2010：农村贫困监测资料。

2. 国家统计局农村社会经济调查司，2009：《中国农村贫困监测报告》，中国统计出版社。

3. 国家统计局综合司："十五"时期农村居民生活水平进一步提高——"十五"时期我国社会经济发展回顾系列报告，国家统计局网站，http：//www.stats.gov.cn/tjfx/ztfx/swcj/t20060320_ 402311606.htm，2006 - 3 - 20。

4. 吴忠，2011：《有条件现金转移支付、公共服务与减贫》，中国农业出版社。

5. 张磊，2007：《中国扶贫开发政策演变 1949 - 2005》，中国财政经济出版社。

6. Kakwani Nanak，Son Hyun H.，2004，Pro - poor Growth：Concepts and Measurement with Country Case Studies，the Pakistan Development Review，42：4，2004，pp. 417 - 444.

7. Kwasi Fosu Augustin，2011，Growth，Inequality and Poverty Reduction in Developing Countries，UNU - WIDER Working Paper No. 2011/01，January 2011.

8. Ravallion Martin，Shaohua Chen.，2011，Measuring Pro - poor Growth，Policy Research Working Paper 2666.

9. Ravallion Martin，2004，Pro - poor Growth：A Primer，Policy Research Working Paper 3242.

10. Son Hyun H.，2006，Nanak Kakwani，Global Estimates of Pro - poor Growth，UNDP Working Paper No. 31，October，2006.

11. Pernia Ernesto M.，Pro - poor Growth，2003，What is It and How is It Important? ADB ERD Policy Brief Series No. 17.

第6章

中国的包容性增长：测量与评价

近30年来，亚洲经济增长迅速，尽管高速的经济增长使贫困人口数量大幅度下降，但是亚洲发展中国家仍存在大量贫困人口。2005年，亚洲发展中国家有27%的人口生活在1.25美元/人·天的国际贫困线以下，50%以上的人口生活在2美元/人·天的国际贫困线以下。除了收入方面的贫困与贫富差距外，非收入方面的贫困与贫富差距也居高不下，主要表现在接受义务教育、享受基本医疗卫生服务等方面的不平等加剧，以及消除非收入贫困的进展缓慢。尽管亚洲与太平洋地区的国家在减少收入贫困方面能够达到千年发展目标，但仍有许多国家在减少非收入贫困方面难以达标（Carin B. and Kapila M.，2011）。

2010年，中国人均GDP已经超过4000美元，步入了国际公认的“中等收入”发展阶段。但由于我国社会各阶层收入流动固化，低收入阶层缺乏向上流动的机会，而且能力差距不断拉大，致使我国面临着“中等收入陷阱”

的挑战（姚洋，2011）。包容性增长可以增加就业机会和提高受教育、医疗、社会保障的公平性，实现经济可持续增长，从而避免陷入“中等收入陷阱”（世界银行，2011）。包容性增长的理念得到了中国政府和其他国家政府的认可，印度“十一五”计划（2007－2012）提出了实施包容性增长战略（India，2006），印度是第一个将包容性增长纳入国家发展战略的亚洲国家。

6.1 包容性增长的内涵

6.1.1 减贫战略演进历程

包容性增长是在人们对贫困的认识不断深化的基础上提出的。古典经济学家认为，经济增长通过“涓滴效应”最终让贫困人口受益，经济增长是减贫的主要因素（Deininger and Squire，1998；Dollar and Kraay，2002；White and Anderson，2001；Ravallion，2001；Bourguignon，2003）。然而，实证研究表明，并不是所有的经济增长都能减贫，只有经济增长是持续的，广大劳动者都能从中受益的，劳动收入在经济增长中占较高份额时，才能实现广泛的减贫。Bourguignon（2003）提在出了“贫困—经济增长—收入分配”三角图，认为除增长效应外，收入分配效应也是影响经济增长减贫效果的因素，如图 6.1 中由增长效应、分配效应对贫困减少形成的三角图。Ravallion（2004）和 Kakwani 和 Hyun（2004）等提出了“利贫式增长”，即通过收入再分配让贫困人口受益。阿玛蒂亚·森（2001）从福利经济学视角分析贫困，认为权利贫困是限制人们获取各种自由的根源，要摆脱贫困，首先全体居民要取得平等的权利，获取自由，自由是发展的首要目的，也是促进发展的手段，他提倡通过赋予人们经济自由，完善社会保障提高能力。受其对权利贫困的启发，亚洲开发银行认识到机会不平等是带来收入不平等的重要原因，2007 年修订了长期战略框架，制定了包容性增长发展战略。

人们对贫困的认识经历了收入贫困、能力贫困和权利贫困三个阶段，与此对应，对经济增长与减贫关系的认识也在不断深化，增长理念经历了从纯粹强调增长速度，到“利贫式增长”，再到“包容性增长”的演进，即增长效应通过经济增长减少贫困，分配效应通过利贫式增长减少贫困人口，而权利效应通过赋予人们平等的机会和权利，实现减贫（图6.1）。

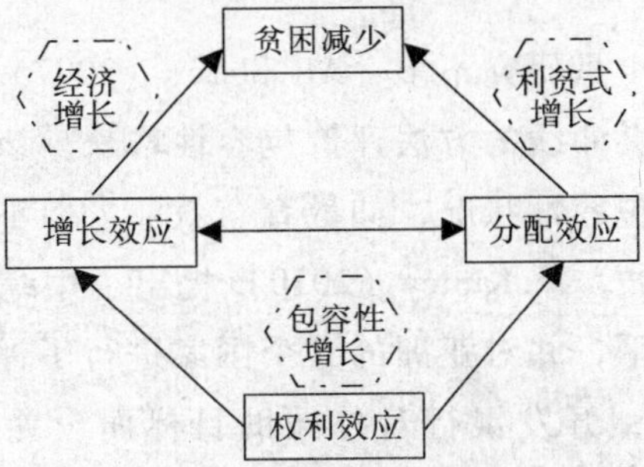

图6.1 减贫效应与减贫战略图

6.1.2 包容性增长内涵

在学术研究领域，对包容性增长的定义仍不统一，但主要观点集中于几个方面。包容性增长必须降低不平等，包括收入不平等和非收入不平等（Klasen，2008；Grosse，et al.，2008），让贫困人口收入增长速度快于非贫困人口，这里的贫困人口不仅限于贫困线以下的人口，还包括中低收入人口（Klasen，2010）。Ali 和 Son（2007）认为，包容性增长需要增加各种获取社会福利的机会，如获得健康、教育机会，用收入分配结构变化检验增长是否具有包容性，与 Roemer（1998）关于机会平等的定义类似，包容性增长的核心是机会平等。Ali 和 Zhuang（2007），Zhuang 和 Ali（2009）进一步认为，快速、可持续的经济增长是创造就业和发展的前提。

包容性增长比利贫式增长更强调经济增长的过程，注重事前分析，考虑可持续、高速增长面临的约束，而不仅仅关注贫困人口，还考虑如何利用那些陷入低生产率、被排斥在增长过程之外的劳动力，包容性增长的理念是基于市场和非市场行动相结合，旨在革除权利贫困和社会排斥，倡导机会平等的高速、可持续的增长模式，包容性增长的重点在于增加发展机会，改善和增加民众的福利（杜志雄，2010）。

包容性增长与多维贫困在目标上具有相似性，认为健康、教育、收入等是发展的目标，而不是发展的手段（萨宾娜等，2010）。林毅夫等（2008）认为，发展中国家要实现包容性增长，政府应该采取以下措施：一是增加对基础教育、基本医疗卫生以及其他基本社会服务的投入，提高弱势群体的基本素质和能力；二是加强政策与制度的公平性，消除社会不公，完善市场机制，创造平等竞争的条件；三是建立社会风险保障机制，防止与消除极端贫困。

对包容性增长的定量研究不多，Ali 和 Son（2007）提出了机会公平的评价方法，并用绘制机会曲线的方法评价包容性增长，该方法比较适合用于评价单项指标的公平和包容性状况，如教育、就业，但不适合评价一个国家或地区总体的包容性增长。McKinley（2010）提出了用综合指标体系评价国家层次的包容性增长水平，并对亚洲的 6 个国家进行了评价。McKinley 所构建的指标体系是根据亚洲开发银行对外援助目标而设置，有些指标不适合中国，如“通电人口比例”指标，该指标中国已经达到较高水平，选用该指标则标准太低。

包容性增长已经受到广泛关注，但到目前为止仍没有一个统一和公认的定义，对包容性增长的定量评价尚不多见。综合以上对包容性增长的定义，本研究主要从经济增长和社会福利视角评价和分析中国近年来的增长，把包容性增长界定为机会平等的增长，也就是在经济增长的前提下，全民参与增长过程，共享增长成果。为客观评价我国的经济增长模式，首先需要制定一个科学、合理的评价方法，综合评价我国的经济增长特点，从而为我国政府制定相关政策提供决策参考。

6.2 包容性增长的测量方法

本章在借鉴 McKinley（2010）研究成果的基础上，结合中国国情，构建包容性增长指数以测量经济增长的包容性，下面将具体介绍构建方法和步骤。

6.2.1 构建包容性增长指数

构建包容性增长指数分为 4 步：

第 1 步，选择维度和指标。

令包容性增长指数的评价维度集为 $U=\{u_1,u_2,u_3\cdots u_j\}$，评价领域集为 $U=\{u_{j1},u_{j2},u_{j3}\cdots u_{ji}\}$，评价指标集为 $U=\{u_{j11},u_{j21},u_{j31}\cdots u_{jim}\}$，其中，$j$ 为评价维度，i 为评价领域，m 为评价指标。

第2步，设置指标权重。

本书采用专家座谈法确定权重，设权重集为 W，$W = \{w_1, w_2, \cdots w_i\}$。

第3步，单因素标准化。

在构造评价指标后，对评价指标逐个量化，也就是用单因素来评价指标对各级模糊子集的隶属度，所有指标隶属度计算后，得到矩阵 U_R，

$U_R = [r_{111}, r_{112}, \cdots r_{11m}]'$

第4步，加权汇总得到包容性增长指数（IGI）。

$$IGI = \sum_{j=1}^{n} U_R \times w_i \tag{1}$$

式中：U_R 为单项指标标准化后的得分；w_i 为单项指标在该层次下的权重。

包容性增长指数设置总目标值为100，评价结果数值越接近于100，说明经济增长包容性越高。

6.2.2 选择维度和指标

根据包容性增长的理念和亚洲开发银行对包容性增长的定义，本研究采用 McKinley（2010）评价包容性增长的维度，从4个维度评价包容性增长：经济增长的可持续性、贫困和收入不平等、参与经济机会的公平性以及获得基础社会保障。

1. 经济增长的可持续性。可持续的经济增长是包容性增长的前提，只有保持高速和可持续的经济增长，才能增加整个社会的财富，创造就业机会。可持续的经济增长包含两层含义，一是经济增长速度快，二是经济增长有可持续性。评价经济增长最常用指标是人均 GDP 增长率，可以衡量经济增长的速度。衡量经济增长可持续性的常用指标是第三产业占 GDP 比重，因此，采用“第三产业占 GDP 比重”作为评价经济增长可持续性的代理变量。就业机会的增长主要反映在二、三产业就业机会增长，因此用“二、三产业就业率”、“当年外出农民工人数”反映就业机会。

2. 降低贫困与收入不平等。包容性增长在保证过程公平、机会均等的同时，最终目的是保证结果的公平和贫困人口受益。贫困人口所占比重和整个社会不公平程度直接反映社会成果是否共享。如果经济增长能有效解决贫困，并降低不公平程度，也将有利于经济的可持续增长。本研究选择“居民

基尼系数”作为衡量全国居民收入不平等的代理指标，选择“城乡基尼系数”作为衡量城乡不平等的指标，采用“国家贫困线以下人口比例”和“2.5 美元/人·天的人口比例”贫困线衡量贫困。

3. 参与经济机会的公平性。公平参与经济机会是经济增长过程包容性的条件，人们能否参与经济活动不仅取决于客观经济增长速度和就业机会，还取决于个体参与经济机会的能力，而个体能否参与经济机会，取决于个体能力以及政府为提高人的素质所提供的公共服务，如道路、饮水、健康、教育的可获得性。因此，用扩大人的能力指标反映过程的公平，本研究选择“每千名活产儿中 5 岁以下儿童死亡率”、“5 岁以下儿童体重不足比例”、“初中毕业率”、“中学生生均教育经费指数”四个代理指标反映人们获取健康、教育方面的公平状况。

4. 获得基础社会保障。包容性增长关注拓展所有人的机会（Ali，2007），并使所有人都平等地获得这些机会，消除极端贫困。公共行为的社会保障功能、保障公民的权利和能力，不仅具有工具性的技术意义，更有其深刻的社会意义，即社会保障应是公共行为的一个目标，而不应是小范围内的一系列特定政策，社会保障具有“保护”和“促进”功能，前者重在防止生活水平的下降，后者旨在提高人们的生活水平和扩大人们的基本能力。所以，若要消除极端贫困，需要重视基本社会保护或者社会安全网（Ali and Zhuang，2007）。社会保障水平可以反映基础社会保障状况，社会保障水平指一定时期内一个国家或地区的社会成员享受社会保障待遇的程度，反映了收入分配中社会保障的份额和现实的保障水平。国际上普遍用社会保障金率衡量社会保障的水平，其计算公式为：社会保障金率 = 社会保障总支出/GDP。

本章结合中国国情，构造包容性增长指数，包括 4 个维度，7 个领域，13 个指标，见表 6.1：

6.2.3 权重、标准化及指标阈值

包容性增长指数的权重设置采用专家座谈法，来自中国国际扶贫中心、北京大学、中国人民大学等高校的 21 名专家，对包容性增长指数的权重进行了讨论，认为经济可持续和机会公平是可持续增长的核心，基础社会保障是包容性增长必然要求，在包容性增长指数 4 个维度的权重设置中，应该给

表 6.1　　　　包容性增长指标及其权重

<table>
<tr><th colspan="2">维度层指标</th><th colspan="2">领域层指标</th><th colspan="2">指标层</th></tr>
<tr><th>指标</th><th>权重</th><th>指标</th><th>权重</th><th>指标</th><th>权重</th></tr>
<tr><td rowspan="4">经济增长的可持续性（U_1）</td><td rowspan="4">0.30</td><td rowspan="2">可持续的经济增长 U_{11}</td><td rowspan="2">0.15</td><td>人均国内生产总值的增长率 U_{111}</td><td>0.10</td></tr>
<tr><td>第三产业占 GDP 比重 U_{112}</td><td>0.05</td></tr>
<tr><td rowspan="2">就业机会 U_{12}</td><td rowspan="2">0.15</td><td>二、三产业就业率 U_{121}</td><td>0.10</td></tr>
<tr><td>当年外出农民工人数 U_{122}</td><td>0.05</td></tr>
<tr><td rowspan="4">降低贫困与收入不平等（U_2）</td><td rowspan="4">0.30</td><td rowspan="2">收入不平等 U_{21}</td><td rowspan="2">0.20</td><td>居民基尼系数 U_{211}</td><td>0.10</td></tr>
<tr><td>城乡基尼系数 U_{212}</td><td>0.10</td></tr>
<tr><td rowspan="2">贫困发生率 U_{22}</td><td rowspan="2">0.10</td><td>国家贫困线以下的人口比例 U_{221}</td><td>0.05</td></tr>
<tr><td>2.5 美元/人·天以下的人口比例 U_{222}</td><td>0.05</td></tr>
<tr><td rowspan="4">参与经济机会的公平性（U_3）</td><td rowspan="4">0.30</td><td rowspan="2">健康和营养 U_{31}</td><td rowspan="2">0.15</td><td>每千名活产儿中5岁以下儿童死亡率 U_{311}</td><td>0.075</td></tr>
<tr><td>5 岁以下儿童体重不足比例 U_{312}</td><td>0.075</td></tr>
<tr><td rowspan="2">教育 U_{32}</td><td rowspan="2">0.15</td><td>初中毕业率 U_{321}</td><td>0.075</td></tr>
<tr><td>中学生生均教育经费指数 U_{322}</td><td>0.075</td></tr>
<tr><td>获得基本社会保障（U_4）</td><td>0.10</td><td>社会保障水平 U_{41}</td><td>0.10</td><td>社会保障金率 U_{411}</td><td>0.10</td></tr>
<tr><td>总分</td><td>1.00</td><td></td><td>1.00</td><td></td><td>1.00</td></tr>
</table>

注：指标权重的设置在后面部分介绍。

前三项相等且较高的权重。因此，课题组对 4 个维度的权重设置为：前三项各占 30% 的比重，基本社会保障占 10%。专家对各指标的权重打分平均结果如表 6.1 所示。

本章的指标体系中既有正向指标，又有逆向指标，还有区间指标，其标准化处理的具体方法有所不同，方法如下：

1. 正向指标的标准化方法

$$V_{y,j} = X_{y,j} / Z_{y,j} \times 100 \tag{2}$$

式中，$V_{y,j}$为第 y 年 j 指标的标准化得分，$Z_{y,j}$为 j 指标第 y 年的目标值，$X_{y,j}$为 j 指标第 y 年的实际值。

2. 逆向指标的标准化方法

$$V_{y,j} = \left(\frac{\max_{y,j} - X_{y,j}}{Z_{y,j}} \right) \times 100 \tag{3}$$

式中，$V_{y,j}$为第 y 年 j 指标的得分，$\max_{y,j}$为 j 指标最高值，$Z_{y,j}$，$X_{y,j}$含义

同正向指标。

3. 区间指标

根据区间上限、下限对每个指标得分有具体说明，详见以下部分。

6.2.4 单项指标得分范围及目标值

人均国内生产总值增长率。该指标反映一段时间内的经济平均增长率。根据中国经济增长的实际，以世界平均增长率的两倍为目标值 100 分，以平均增长率为基准值 60 分。

第三产业占 GDP 比重。发达国家第三产业占 GDP 比重一般为 70%，以第三产业比重 70% 为目标值。

二、三产业就业率。2007 年日本、韩国二、三产业就业率约为 94%，我国与日本、韩国等亚洲发达国家的发展模式比较接近，因此，以 94% 为目标值。

当年农民工人数。从 20 世纪 90 年代至今，我国对人口流动限制逐渐放开，但仍存在严重的城乡壁垒。本指标以 80 为上限，以 60 为下限，设置 60 分，70 分，80 分三个得分等级。

基尼系数。根据国际公认标准，基尼系数在 0.2 - 0.3 表示比较公平，得 80 - 100 分；0.3 - 0.4 表示相对合理，得 60 - 80 分；0.4 - 0.5 表示收入差距较大，得 0 - 60 分；超过 0.5 得 0 分。

城乡基尼系数。参照基尼系数得分方法。

国家贫困线以下的人口比例、生活在 2.5 美元/人 · 天的国际贫困线以下的人口比例。这两个指标都是以消除绝对贫困为目标值，即贫困发生率为 0 作为目标值，达到目标值得 100 分。

每千名活产儿中 5 岁以下儿童死亡率。以 0 为目标值，以该指标世界最高死亡率 200 为最低值。

5 岁以下儿童体重不足比例。以 0 为目标值，以 100% 为最低值。

初中毕业率。以 100% 为目标值，以 0 为最低值。

中学生生均教育经费指数。该指标是生均教育经费与人均国民生产总值之比，衡量教育经费多少的相对量指标。世界上人口较多的国家的统计表明，政府财政支出的中学生生均教育经费指数一般为 0.15 - 0.22①，我们国

---

① 引自胡鞍钢、王磊，2010："全社会教育投入：教育发展的核心指标"，《清华大学教育研究》，第 3 期。

家一向重视基础教育，我国跨越中等收入陷阱需要人力资本投资，因此，本研究用中学生生均教育经费指数0.20为目标值。

社会保障支出占国民生产总值的比重。参考穆怀中《社会保障适度水平研究》（1997）标准计算方法，1992年、2000年、2010年适度上限的标准分别是11.31、10.76、13.73，适度下限分别是9.45、8.89、11.86。由于我国当前社会保障水平还比较低，本研究采用低标准，以适度下限为目标值。

综上所述，单项指标得分范围及目标值见表6.2：

表6.2 单项指标取值范围或目标值

指标	单位	取值范围或目标值
人均国内生产总值的增长率 U_{111}	%	达到世界平均增长率一倍
第三产业占GDP比重 U_{112}	%	70%
二、三产业就业率 U_{121}	%	94%
当年外出农民工人数 U_{122}	亿人	绝对指标
居民基尼系数 U_{211}	—	基尼系数0.2-0.5
城乡基尼系数 U_{212}	—	基尼系数0.2-0.5
国家贫困线以下的人口比例 U_{221}	%	0%
2.5美元/人·天以下的人口比例 U_{222}	%	0%
每千名活产儿中5岁以下儿童死亡率 U_{311}	‰	0‰-200‰
5岁以下儿童体重不足比例 U_{312}	%	0
初中毕业率 U_{321}	%	100%
中学生生均教育经费指数 U_{322}	—	0.2
社会保障金率 U_{411}	%	1992、2000、2009年目标值分别是9.45、8.89、11.86

6.2.5 指标结果的稳健性检验

本研究指标权重是通过专家座谈得出，专家座谈法有较大的争议，为检验赋权结果的稳健性，本研究借鉴人类发展指数和牛津大学多维贫困赋权方法，这两种方法都是采用平均赋权的方法（Alkirea and Foster，2011）。这里采用另外三种赋权方法，并分别计算结果。这三种赋权方法分别是：（1）4个维度指标平均赋权重，即每个维度的指标权重都是1/4（即0.25），根据每个维度权重再平均指标权重；（2）7个领域指标平均赋权重，每个领域层指标的权重都为1/7（约等于0.143），每个指标再平均分解具体指标；（3）13个评价指标平均赋权重，都为1/13（约等于0.077）。

6.3 数据及结果

1978年以来，中国经济经历了几次制度变迁，有效的经济组织是经济增长的关键（North，1973），中国经济制度变迁过程体现了制度对经济发展的重要作用。1978年是新中国经济发展史上的一个重要转折点，这一年开始了中国农村生产制度的创新，20世纪80年代农民收入迅速增长；20世纪90年代以城市经济改革为主，进行了国有企业改革、财政体制改革、金融体制改革等；21世纪的前10年是追求社会和谐发展的10年，中国政府先后进行了农村税费改革，并连续出台了发展农业农村经济的9个一号文件，为缩小地区差距，还出台了一系列促进中部、西部经济发展的政策。因此，本研究以1990年、2000年、2010年为分界点①，考察20世纪80年代、90年代和21世纪前10年中国经济包容性增长的趋势和特点。

6.3.1 各项指标值及数据来源

根据统计年鉴及学者们的计算结果，汇总各指标值，列入表6.3：

表6.3 1990－2009年中国包容性增长指标值

指标	指标值			数据来源
	1990年	2000年	2009年	
人均国内生产总值的增长率（%）U_{111}	7.8	9.3	9.8	中国统计年鉴
第三产业占GDP比重（%）U_{112}	31.6	39	43[a]	中国统计年鉴
二、三产业就业率（%）U_{121}	39.9	50	61.9	《1978－2007年辉煌的三十年》、《中国区域经济统计年鉴》
当年外出农民工人数（亿人）U_{122}	0.216	0.8	1.5	《中国统计年鉴》、《中国人口统计年鉴》、《中国人口普查资料》

① 由于数据来源的局限，有些数据用附近年份的数据替代。

续表

指标	指标值			数据来源
	1990 年	2000 年	2009 年	
居民基尼系数 U_{211}	0.3485	0.4382	>0.45	Ravallion，M. and S. Chen（2007）；《国际统计年鉴》2002－2010
城乡基尼系数 U_{212}	0.36[b]	0.4[c]	0.44[d]	世界银行
国家贫困线以下的人口比例% U_{221}	9.4	3.4	3.6	《中国贫困监测报告》、《中国农村住户调查年鉴》
2.5 美元/人·天以下的人口比例（%）U_{222}	91.6	71.7[c]	49.5[e]	Chen，S. and M. Ravallion，2010
每千名活产儿中 5 岁以下儿童死亡率（‰）U_{311}	45.5	36	19.1	联合国千年发展目标指标网站
5 岁以下儿童体重不足比例（%）U_{312}	19.1	11.2	6.9	联合国千年发展目标指标网站
初中毕业率（%）U_{321}	40.6	51.2	83.4	《中国统计年鉴》
中学生生均教育经费指数 U_{322}	0.09[f]	0.1	0.12[g]	作者根据《中国统计年鉴》、《中国教育经费统计年鉴》计算
社会保障金率（%）U_{411}	4.2[h]	6.4	6.1[g]	作者根据《中国统计年鉴》计算

注：a：2008 年数据；b：1988 年数据；c：1999 年数据；d：2007 年数据；e：2005 年数据；f：1995年数据；g：2006 年数据；h：1992 年数据。

表 6.4　　包容性增长指标标准化

指标	标准化值		
	1990 年	2000 年	2009 年
人均国内生产总值的增长率 U_{111}	100	100	100
第三产业占 GDP 比重 U_{112}	45	56	61
二、三产业就业率 U_{121}	42	53	66
当年外出农民工人数 U_{122}	60	70	80
居民基尼系数 U_{211}	70	40	20
城乡基尼系数 U_{212}	70	60	30
国家贫困线以下的人口比例 U_{221}	91	97	96
2.5 美元/人·天以下的人口比例 U_{222}	8	28	50
每千名活产儿中 5 岁以下儿童死亡率 U_{311}	77	82	90

续表

指标	标准化值		
	1990 年	2000 年	2009 年
5 岁以下儿童体重不足比例 U_{312}	81	89	93
初中毕业率 U_{321}	41	51	83
中学生生均教育经费指数 U_{322}	45	50	60
社会保障金率 U_{411}	44	68	58

根据包容性增长指数标准化的方法（公式（2）、（3））及单项指标目标值（表 6.3），计算得出标准化的包容性增长指数，见表 6.4。

6.3.2 评价结果及指标结果的稳健性检验

根据上述方法，计算得出包容性增长指标的单项指标得分和综合指数得分，计算结果见表 6.5、表 6.6。

这里采用另外三种赋权方法检验结果的稳健性，三种赋权方法所得结果趋势一致，只是所赋权重的不同，每个阶段包容性增长的进步程度有所不同（见表 6.7）。总体来看，1990－2009 年，中国的包容性增长指数呈上升趋势，1990－2000 年，包容性增长进步较快，2000－2009 年，包容性增长进步速度下降。因此，从总体趋势上看，用专家评价法赋权得出的结果是可靠的。

6.3.3 评价结果分析

1. 1990－2009 年，包容性增长指数取得了较大进步，由此可见，中国在过去 30 年中，经济增长的包容性越来越高。分阶段来看，1990－2000 年，包容性指数进步较快，包容性指数从 61.12 上升到 65.06，而 2000－2009 年，进步则相对缓慢，从 65.06 上升到 66.21（表 6.5）。

2. 中国的包容性增长指数总体水平比较低，除了人均国内生产总值的增长率、国家贫困线以下比例、5 岁以下儿童体重不足比例（标准化得分在 80 以上）以外，其他指标得分都比较低，特别是二、三产业就业率、2.5 美元/人·天以下的人口比例、中学生生均教育经费指数、社会保障金率指标，指标水平仍比较低（表 6.5）。

3. 1990－2009 年，除收入不平等指标得分呈下降趋势外，其他领域层

表 6.5　　包容性增长指标得分

维度层指标	权重	领域层指标	权重	指标	权重	1990 年		2000 年		2009 年	
						得分	加权得分	得分	加权得分	得分	加权得分
经济增长的可持续性（U_1）	0.30	可持续的经济增长 U_{11}	0.15	人均国内生产总值的增长率 U_{111}	0.1	100	10	100	10	100	10
				第三产业占 GDP 比重 U_{112}	0.05	45	2.25	56	2.8	61	3.05
		就业机会 U_{12}	0.15	二、三产业就业率 U_{121}	0.1	42	4.2	53	5.3	66	6.6
				当年外出农民工人数 U_{122}	0.05	60	3	70	3.5	80	4
降低贫困与收入不平等（U_2）	0.30	收入不平等 U_{21}	0.20	居民基尼系数 U_{211}	0.1	70	7	40	4	20	2
				城乡基尼系数 U_{212}	0.1	70	7	60	6	30	3
		贫困发生率 U_{22}	0.10	国家贫困线以下的人口比例 U_{221}	0.05	91	4.55	97	4.85	96	4.8
				2.5 美元/人·天以下的人口比例 U_{222}	0.05	8	0.4	28	1.4	50	2.5
参与经济机会的公平性（U_3）	0.30	健康和营养 U_{31}	0.15	每千名活产儿中5岁以下儿童死亡率 U_{311}	0.075	77	5.78	82	6.15	90	6.75
				5 岁以下儿童体重不足比例 U_{312}	0.075	81	6.08	89	6.68	93	6.98
		教育 U_{32}	0.15	初中毕业率 U_{321}	0.075	41	3.08	51	3.83	83	6.23
				中学生生均教育经费指数 U_{322}	0.075	45	3.38	50	3.75	60	4.5
获得基本社会保障（U_4）	0.10	社会保障水平 U_{41}	0.10	社会保障金率 U_{411}	0.1	44	4.4	68	6.8	58	5.8
总分	1.00		1.00		1		61.12		65.06		66.21

表 6.6　　包容性增长指数维度层及领域层指标得分

维度层指标	权重	加权得分			领域层指标	权重	加权得分		
		1990 年	2000 年	2009 年			1990 年	2000 年	2009 年
经济增长的可持续性（U_1）	0.30	19.7	21.6	23.65	可持续的经济增长 U_{11}	0.15	12.25	12.8	13.05
					就业机会 U_{12}	0.15	7.2	8.8	10.6
降低贫困与收入不平等（U_2）	0.30	18.95	16.25	12.3	收入不平等 U_{21}	0.20	14	10	5
					贫困发生率 U_{22}	0.10	4.95	6.25	7.3
参与经济机会的公平性（U_3）	0.30	17.6	20.05	23.5	健康和营养 U_{31}	0.15	11.86	12.83	13.73
					教育 U_{32}	0.15	6.46	7.58	10.73
基本社会保障（U_4）	0.10	4.4	6.8	5.8	社会保障水平 U_{41}	0.10	4.4	6.8	5.8
总分	1.00					1.00	61.12	65.06	66.21

表 6.7　　评价结果稳健性检验

方法一					方法二					方法三			
维度层指标及权重	指标权重	1990 年	2000 年	2009 年	领域层指标及权重	指标权重	1990 年	2000 年	2009 年	指标权重	1990 年	2000 年	2009 年
U_1（0.25）	0.0625	6.25	6.25	6.25	U_{11}（0.143）	0.0715	3.20	3.98	4.33	U_{111}（0.077）	7.69	7.69	7.69
	0.0625	2.81	3.50	3.81		0.0715	2.98	3.76	4.69	U_{112}（0.077）	3.46	4.31	4.69
	0.0625	2.63	3.31	4.13	U_{12}（0.143）	0.0715	4.26	4.97	5.68	U_{121}（0.077）	3.23	4.08	5.08
	0.0625	3.75	4.38	5.00		0.0715	4.97	2.84	1.42	U_{122}（0.077）	4.62	5.38	6.15
U_2（0.25）	0.0625	4.38	2.50	1.25	U_{21}（0.143）	0.0715	4.97	4.26	2.13	U_{211}（0.077）	5.38	3.08	1.54
	0.0625	4.38	3.75	1.88		0.0715	6.46	6.89	6.82	U_{212}（0.077）	5.38	4.62	2.31
	0.0625	5.69	6.06	6.00	U_{22}（0.143）	0.0715	0.57	1.99	3.55	U_{221}（0.077）	7.00	7.46	7.38
	0.0625	0.50	1.75	3.13		0.0715	5.47	5.82	6.39	U_{222}（0.077）	0.62	2.15	3.85
U_3（0.25）	0.0625	4.81	5.13	5.63	U_{31}（0.143）	0.0715	5.75	6.32	6.60	U_{311}（0.077）	5.92	6.31	6.92
	0.0625	5.06	5.56	5.81		0.0715	2.91	3.62	5.89	U_{312}（0.077）	6.23	6.85	7.15
	0.0625	2.56	3.19	5.19	U_{32}（0.143）	0.0715	3.20	3.55	4.26	U_{321}（0.077）	3.15	3.92	6.38
	0.0625	2.81	3.13	3.75		0.0715	6.25	9.66	8.24	U_{322}（0.077）	3.46	3.85	4.62
U_4（0.25）	0.25	11.00	17.00	14.50	U_{41}（0.143）	0.143	3.20	3.98	4.33	U_{411}（0.077）	3.38	5.23	4.46
合计	1.00	56.63	65.50	66.31		1.00	58.08	64.75	67.10	1.00	59.54	64.92	68.23

指标得分都呈上升趋势，收入不平等指标得分的大幅度下降抵消了其他指标进步的成果。从1990年至2009年，由居民基尼系数和城乡基尼系数合成的收入不平等指标，得分从14下降到5，是所有指标中变化幅度最大的指标（表6.6）。居民基尼系数从1990年的0.35上升到2009年的0.45以上，城乡基尼系数从0.36上升到0.44（表6.3）。

6.4 结论与讨论

本章根据包容性增长的基本理念和内涵，并结合中国经济增长的特点，设计了一套评价中国经济增长包容性的评价指标体系，并根据此评价指标体系对1990－2009年中国经济增长的包容性进行了评价。

评价结果表明，20世纪90年代以来，中国经济增长总体上呈现包容性增强的趋势，经济增长迅速并且带来了广泛就业，提高了人的基本能力和基础社会保障水平。但是，中国包容性增长整体水平比较低，并且发展缓慢。收入不平等越来越严重，成为实现经济包容性增长的巨大障碍。因此，为实现我国经济增长的包容性，建议从以下四个方面改进：

第一，增加就业机会，提高就业机会公平性。

中国高速的经济增长与就业增长率不成比例，直到2009年，二、三产业就业率仅66%。因此，需要改善产业结构，提高第三产业比重，创造更多的就业机会，让更多的人参与到经济增长的过程中来。

第二，提高低收入群体收入，增强收入结果的公平性。

中国收入不平等的上升削弱了经济增长的减贫效果，要实现我国包容性增长不仅需要保持经济增长速度，还需要制定有效的政策提高西部地区、农村地区人均收入，调整地区之间、城乡之间的资源流动，动员政府、企业和非政府资源促进发达地区的生产要素向中西部欠发达地区、农村地区流动，从而缩小收入差距，减少贫困。

第三，加大人力资本投资，提高参与经济机会的公平性。

关于教育机会的评价指标得分都比较低，特别是生均教育经费。因此，对落后地区和弱势人群提供更完备的基础服务，从而提供参与经济活动的人力资本基础，打破贫困的代际传递。

第四，完善基础社会保障，提高保障的公平性。

我国社会保障水平取得了进步，但与国民生产总值进步速度相比，进程比较缓慢，农村居民的社会保障水平较低。因此，我国今后在农村地区应加强对基础社会保障的投入，完善医疗、养老等基础保障，在贫困地区积极探索低保和扶贫两项制度有效衔接的机制，逐步完善农村社会保障。

参考文献：

1. 姚洋："以改革避免中等收入陷阱"，《网易财经》，2011年4月26日。

2. 阿玛蒂亚·森：《贫困与饥荒——论权利与剥夺》，王宇、王文玉译，商务印书馆，2001。

3. 杜志雄、肖卫东、詹琳："包容性增长理论的脉络、要义与政策内涵"，《中国农村经济》2010年第11期。

4. 穆怀中："社会保障适度水平研究"，《经济研究》1997年第2期。

5. 萨宾娜·阿尔基尔等：《贫困的缺失维度》，刘民权、韩华为译，科学出版社，2010。

6. 庄巨忠：《以共享式增长促进社会和谐》，中国计划出版社，2008。

7. Ali I. and H. H. Son, "Measuring Inclusive Growth. Asian Dovolopment Review", *Asian Development Review*, 10 (24): 11-31, 2007.

8. Ali I. and H. H. Son, "Defining and Measuring Inclusive Growth: Application to the Philippines". ERD Working Paper No. 98, 2007. http://www.adb.org/economics.

9. Ali I. and J. Zhuang, "Inclusive Growth toward a ProsperousAsia: Policy Implications", ERD Working Paper No. 97, 2007, Manila: Economic and Research Department, Asian Development Bank.

10. Alkire S. and J. Foster, "Counting and multidimensional poverty measurement", *Journal of Public Economics*, 95 (7-8), 2011.

11. Bourguignon F., "The Growth Elasticity of Poverty Reduction; Explaining Heterogeneity across Countries and Time Periods", *Inequality and Growth: Theory and Policy Implications*, Cambridge, MA: MIT Press, 2003.

12. Deininger K. and L. Squire, "A New Data Set Measuring Income Inequality", *World Bank Economic Review* 10 (3), 1996.

13. Dollar D. and A. Kraay, "Growth Is Good for the Poor", *Journal of Economic Growth*, 7 (3), 2002.

14. ESCAP, UNDP and ADB, "The Millennium Development Goals: Progress inAsia and the Pacific 2006". ADB, 2006.

15. Grosse M., K. Harttgen and S. Klasen, "Measuring Pro – Poor Growth in Non – Income Dimensions", *World Development Report*. 36 (6), 2008.

16. India, P. C. O., "*Towords Faster and More Inclusive Growth: An Approach to the 11th Five Year Plan*". Working paper, Asian Development Bank, 2006.

17. Kakwani N. and H. H. Son, "Pro – poor Growth: Concepts and Measurement with Country Case Studies", *The Pakistan Development Review*, 42 (4), 2004.

18. Klasen S., "Economic Growth and Poverty Reduction: Measurement Issues in Income and Non – Income Dimensions", *World Development*, 36 (3), 2008.

19. Klasen S., "Measuring and Monitoring Inclusive Growth: Multiple Definitions, Open Questions, and Some Constructive Proposals", Working paper, Asian Development Bank, 2010.

20. McKinley T., "Inclusive Growth Criteria and Indicators: An Inclusive Growth Index for Diagnosis of Country Progress", Working paper, Asian Development Bank, 2010.

21. North D., and R. Thowmas, *The Rise of the Western World: A New Economic History*, Cambridge: Cambridge University Press, 1973.

22. Ravallion M., "Growth, Inequality and Poverty: Looking Beyond averages", *World Development*, 29 (11), 2001.

23. Roemer J., *Equality of Opportunity*. Cambridge: Harvard University Press, 1998.

24. White H. and E. Anderson, Growth vs. Redistribution: Does the Pattern of Growth Matter?" *Development Policy Review*, 19 (3), 2001.

25. Zhuang J. and I. Ali, "Inequality and Inclusive Growth in Developing Asia. Introduction to a book publication", Working Paper, ADB, 2009.

26. Rauniyar G. and R. Kanbur, "Inclusive Development: Two Papers on Conceptualization, Application and the ADB Perspective", January, 2010. Revised version published in Journal of the Asia Pacific Economy, Vol. 15, No. 4, pp. 437 – 469, 2010.

第7章

中国经济增长的资源环境代价与减贫

技术进步对促进经济增长发挥着重要作用，但在技术水平既定的情况下，经济增长更依赖生产要素的投入，依赖于资源的开发利用。因此分析经济增长的资源环境代价与减贫的关系，首先需要分析资源开发、环境恶化与贫困之间的关系，然后把这两者的关系集中在环境恶化给人们健康带来的成本以及环境恶化对可持续发展的影响上。

7.1 资源开发与贫困之间的作用关系

1. 资源开发、环境污染作用于贫困

弄清资源、环境和贫困之间的关系，有利于理解和处理好在减贫过程中如何开发资源和保护环境。资源和环境作用于贫困的主要途径有三条：

（1）自然资源开发利用导致环境污染，例如水污染、空气污染、固体废弃物污染、重金属污染等，这些污染侵害人的身体健康。由于贫困人口脆弱性高，为保持健康的身体、摆脱疾病侵害而需要付出额外的生活成本，容易恶化贫困，形成贫困恶性循环或贫困陷阱。富裕人也同样会受到被污染环境的影响，但是他们有规避污染环境影响的经济能力，如移民和花钱买健康。当然，资源、环境与贫困还有一层非人为资源开发利用而导致恶劣环境与贫困之间的关系，即地方病的发生。地方病是某些在特定地域内经常发生并相对稳定，与地理环境中物理、化学和生物因素密切相关的疾病，如我国地方性甲状腺肿、地方性克汀病、地方性氟中毒、大骨节病、克山病、鼠疫和布鲁氏菌病等。地方病也通常使一部分人群陷于贫困的境况，这是扶贫工作应该关注的一个方面。

（2）自然资源开发利用导致温室气体增多，导致气候变化，进而导致自然灾害频发，灾区人口的生命财产、生产生活因此受到影响。部分受灾人口承受不了灾害的打击，进而陷入贫困。温室气体排放导致气候变暖，冰川融化海平面上升；风暴、海啸、暴雨洪水、海域的赤潮和沙尘暴等都是气候变化带来的现象。气候变化对农业生产的影响非常大，易引起种植业生产能力的下降，导致农业病虫草害的发生区域扩大，使病虫害的生长季节延长，害虫的繁殖代数增加，危害时间延长，作物受害程度加重，因此导致农业生产波动，对粮食安全产生重要影响。

（3）自然资源开发导致资源枯竭、生态退化（如草场退化、沙漠侵蚀、水土流失等），使贫困人口赖以生存发展的境况面临更严峻考验。例如，地下水开采导致地下水位下降，使我国北方地区草场严重退化，影响到畜牧业的发展，使部分牧民因为缺乏草场放牧而陷入贫困。开垦陡坡，以至陡坡越开越贫，越贫越垦，生态系统恶性循环；滥砍滥伐森林，甚至乱挖树根、草坪，树木锐减，使地表裸露，这些都加重了水土流失、土地瘠薄、水库河流淤塞、河床抬高，泥石流滑坡现象。另外，某些基本建设不符合水土保持要求，例如，不合理修筑公路、建厂、挖煤、采石等，破坏了植被，使边坡稳定性降低，引起滑坡、塌方、泥石流等更严重的地质灾害。

2. 贫困反作用于自然资源开发和环境污染

大部分贫困地区的形成是有其历史原因。由于人口多生存压力大或者历史上为逃避战乱而选择偏远的山区或者地理条件比较恶劣的地区居住，以减轻生存压力或逃避战乱纷扰。但是，居住在偏远地区的居民由于可用资源有限，再加上技术进步缓慢，人们就长期处于贫困状态，存在着生存问题。在生存压力下，人们在不断加大对自然资源的利用程度，因此就出现了自然资源的过度利用情况，进而破坏了环境。在我国，贫困地区与生态与环境脆弱地带具有高度的相关性，两者在地理空间分布上具有较高的一致性（见图7.1)。国家环境保护部2005年统计显示，全国95%的绝对贫困人口生活在生态环境极度脆弱的老、少、边、穷地区。而生态脆弱区因处于不同生态区的边缘交替地带，生态系统的稳定性差，抗干扰能力弱。人们不合理开发利用更容易造成生态与环境的恶化。

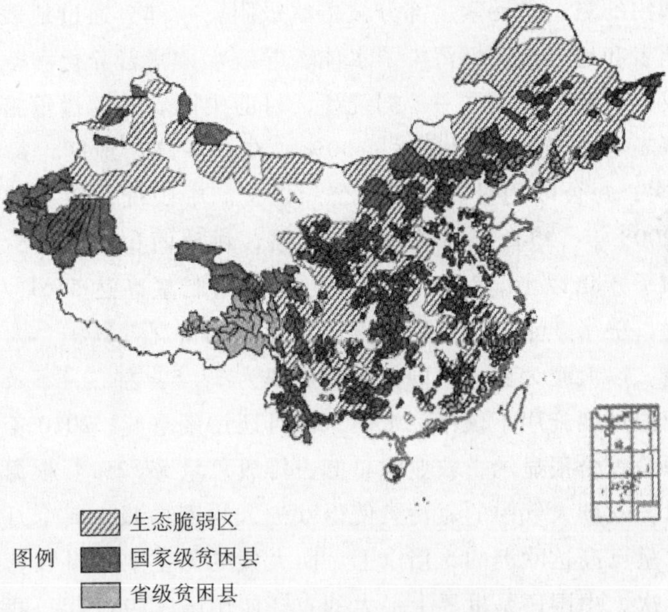

资料来源：http：//www.oxfam.org.cn/ido/climatepenury2.php。

图7.1 生态脆弱区与贫困县分布示意图

7.2 中国自然资源开发利用和环境恶化的表现

中国过去30多年的经济快速增长，环境代价高昂。粗放式生产模式导致部分资源的快速枯竭和退化，并伴随着气体、水体、土壤的严重污染。环境污染和资源退化的根本原因是中国正处于工业化的进程中，其经济增长过于依赖能源和原材料密集型工业的发展。在追求GDP高速增长的过程中，在“先污染，后治理”思想的影响下，未能采取适当的环境保护措施或者是没有严格执行环境保护政策。在中国发展的过程中，资源开发利用导致的环境破坏及影响常见的情形有：

1. 化肥、农药、农膜过度施用，农村面源污染严重，食品安全隐忧凸显

化肥、农药、农膜等的过度使用，已经导致了严重的农业污染。首先，中国的化肥施用水平早已超过了发达国家所设置的防止农业环境污染的化肥安全施用上限。而且，中国化肥投入以无机氮、磷为主，化肥利用率相对较低。未被利用的氮、磷元素一部分被土壤吸附，一部分通过地表径流、农田排水进入地表和地下水体，污染了水体、导致水体富营养化和空气污染等环保问题，成为农业污染源之一。据统计，目前中国农药的过量施用在水稻生产中达40%，在棉花生产中超过了50%。在一些高产地区，每年施用农药可达30多次，每公顷用量高达300公斤以上。中国统计年鉴数据显示，从1980年至2008年，粮食产量增加了1.5倍，耕地面积不断减少，但化肥消费量却增加了3倍以上。2010年我国土地总用肥量高达5561万吨。果树、蔬菜、小麦、玉米、水稻均存在过量使用化肥的情况。其中，大棚蔬菜大部分超量严重。以氮肥为例，我国氮肥利用率为27.5%左右，不及发达国家的一半。氮肥的过度施用不仅污染水体，而且还污染空气。2010年我国第一次全国污染源普查公报显示，农业源总氮占排放总量57.2%。根据欧洲一份调查数据显示，欧洲大气中的氮污染使得欧洲人均寿命减少6个月。而中国大气中的氮含量已高达欧洲的5倍以上。而大气的氮主要来自农业上氮肥的过度施用。其次，中国还是世界上最大的农药使用国。1983年，我国农药的使用量是86.2万吨；到2010年农药的使用量已达到175.8万吨，比1983年提高了1倍。农用塑料薄膜的使用量也在逐年增加。到2010年，农用地膜使用量达到118.4万吨。水污染、土壤污染会经过食物链，通过粮食、蔬菜、水果和肉类等进入人体，对人体健康造成影响。

2. 水资源短缺且污染严重，一些地区生态退化加快

中国是一个干旱缺水严重的国家。淡水资源总量为28000亿立方米，占全球水资源的6%，仅次于巴西、俄罗斯和加拿大，名列世界第四位。但是，人均水资源量只有2300立方米，仅为世界平均水平的1/4，是全球人均水资

源最贫乏的国家之一。中国从20世纪70年代以来就开始闹水荒。20世纪80年代以后，中国的水荒由局部逐渐蔓延至全国，情势越来越严重，对农业和国民经济已经带来了严重影响。除总量不足外，水资源分布非常不均。从人口和水资源分布统计数据可以看出，中国水资源南北分配的差异非常明显。长江流域及其以南地区人口占了中国的54%，但是水资源却占了81%。北方人口占46%，水资源只有19%。由于北方缺水，过度开采地下水用于农业灌溉和人口饮用等导致中国北部的湖泊和河流以及土壤含水层水位下降，加快了中国北部的干旱程度，迅速恶化了中国北部的生态环境，如中国北部的牧场退化。然而，中国又是世界上用水量最多的国家，经济的快速发展，导致用水量的快速上升，加剧了水短缺。

中国的水体除了农业施用肥料、农药等导致的污染外，来自工业和城市生活的水污染也十分严重。根据2010年中国水资源公报，对全国17.6万千米的河流水质进行了监测评价结果显示，Ⅰ类水河长占评价河长的4.8%，Ⅱ类水河长占30.0%，Ⅲ类水河长占26.6%，Ⅳ类水河长占13.1%，Ⅴ类水河长占7.8%，劣Ⅴ类水河长占17.7%。Ⅰ~Ⅲ类水为能饮用水，水河长比例为61.4%。2010年全国废污水排放总量达750亿吨，河流水质不达标率近40%，其中丧失利用价值的劣五类水18.8%。对99个湖泊的2.5万平方公里水面水质进行了监测评价结果显示，水质符合和优于Ⅲ类水的面积占58.9%，Ⅳ类和Ⅴ类水的面积共占27.9%，劣Ⅴ类水的面积占13.2%。在地下水水质方面，根据763眼监测井的水质监测资料，北京、辽宁、吉林、黑龙江、上海、江苏、海南、宁夏、广东9个省（自治区、直辖市）地下水水质进行了分类评价。水质适合于各种使用用途的Ⅰ~Ⅱ类监测井占评价监测井总数的11.8%，适合集中式生活饮用水水源及工农业用水的Ⅲ类监测井占26.2%，适合除饮用外其他用途的Ⅳ~Ⅴ类监测井占62.0%。中国水污染比较严重的区域为中部和东部工厂分布较集中的地区。除了地表水遭受污染外，地下水也遭受较重污染。中国一半城市市区地下水污染严重，57%的地下水监测点位水质较差甚至极差。

3. 空气污染严重，呼吸道疾病感染率上升

中国是污染物排放量最大和大气污染最严重的国家之一，空气污染严重，尤其是城市的空气污染。世界银行研究显示，世界空气污染最严重的20个城市中，中国占16个。按照欧盟标准，中国5.6亿城市居民仅有1%的人

能够呼吸到干净的空气。调查的 113 个城市中的 1/3，2009 年的空气质量未能达到国家官方干净空气质量标准（此标准的污染程度是 OECD 标准的 4－5 倍）。城市空气污染的主要来源为煤炭燃烧、机动车辆排放、大规模的城市建设等。空气污染成份主要是煤烟粉尘、有机有害物质、重金属、酸性颗粒、二氧化硫、二氧化氮等。这些污染颗粒成份中包含直径小于 2.5 微米的颗粒，它们构成人体健康最大的威胁，同时这些有害物质还会导致酸雨、灰霾和光化学烟雾等现象。电力、水泥、化工、钢铁、焦化是工业废气排放大户最为集中的行业。在中国，近些年机动车增长迅速。汽车的快速增长（见图 7.2）不仅对交通产生重要影响，同时还使石油消耗量快速上升，产生大量的汽车尾气，造成空气污染。近年，中国的城市化进程加快，房地产开发热，在城市随处可见建筑工地。很多工地未能采用围挡、道路硬化、堆场覆盖等控制措施，致使工地扬尘污染严重。除了以上三大污染源外，城市中挥发性有机物、油气、餐饮油烟、露天焚烧等因素对空气污染也产生重要影响。

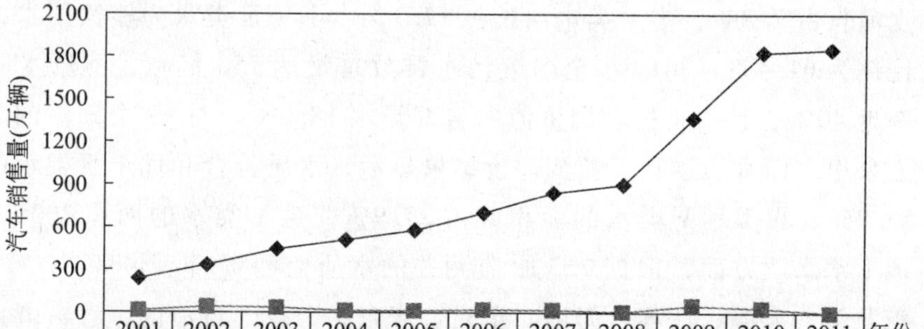

	2001	2002	2003	2004	2005	2006	2007	2008	2009	2010	2011	年份
销售量(万辆)	238	333	446	509	577	700	843	902	1367	1830	1850	
增长率(%)	13	40	34	14	13	21	20	7	52	34	1	

数据来源：国家信息中心。

图 7.2　中国汽车销售量（2001－2011 年）

4. 矿山资源开采混乱，重金属污染难于治理

近 10 多年来，随着中国工业化的不断加速，涉及重金属排放的行业越来越多，包括矿山开采、金属冶炼、化工、印染、皮革、农药、饲料等，再加上一些污染企业的违法开采、超标排污等问题突出，使重金属污染事件出现高发态势。矿山开采过程中产生的含重金属的矿坑水、废石淋滤水等，一般较少达到工业废水排放标准，这些矿坑往往在山坡上，若管理不善，遇到

暴雨很容易流入河流，污染整条河流。除了矿山附近的重金属污染外，在冶炼企业周边，矿山固体废渣（煤矸石等）经雨水冲刷、淋溶，极易将其中的有毒有害重金属成分渗入土壤中。2000年以来，仅发生的较大的镉污染事件就有数起，如2005年的广东北江韶关段镉严重超标事件，2006年的湘江湖南株洲段镉污染事故，2009年的湖南省浏阳市镉污染事件，2012年广西龙江河镉污染。至于其他重金属污染事件，仅“血铅超标”事件，就已涉及陕西、安徽、河南、湖南、福建、广东、四川、湖南、江苏、山东等省。国家环保部数据显示，2009年重金属污染事件致使4035人血铅超标、182人镉超标。重金属污染不仅污染土壤，而且还污染农作物。一项由原国家环保总局进行的土壤调查结果显示，广东省珠江三角洲近40%的农田菜地土壤遭重金属污染，且其中10%属严重超标。2008年，中山大学生命科学学院的科研团队分别在广州6个区各选择两个农贸市场采集蔬菜样本，分析样本中镉、铅的含量情况，结果发现，叶菜类蔬菜的污染情况十分严重，除1种为轻度污染外，其余5种均达到重度污染水平。南京农大农业资源与生态环境研究所潘根兴团队在全国多个县级以上市场随机采购样品，结果表明1%左右的市售大米镉超标。

5. 能源密集型工业发展，温室气体排放快速增长

1978年中国能源消费量为57144万吨标准煤，到2010年中国能源消费量为324939万吨标准煤，能源消费量增长5.69倍。能源消费结构（见图7.3）中，近30多年中，尽管水电、核能和风电占比在上升，但煤炭占比仍高达70%多，能源消耗的快速增长，导致中国已经迅速成为世界上二氧化碳最大排放国。

根据国际能源机构数据计算出来的能源密集度指标（单位GDP能源）显示（见图7.4），中国自1978年改革开放到2000年以来，能源密集度指标迅速改善，这种改善主要归因于能聚焦于产业升级和培育能够充分利用中国比较优势（充足的劳动力）的发展政策。但2000年以后，能源密集度指标出现逆转上升，其主要原因为发展能源密集型产业。中国出现房地产热、汽车消费热以及大力开采有色金属矿是发展能源密集型产业的最直接原因。房地产业带动钢铁冶炼、水泥生产、瓷砖烧制等高能耗产业；汽车本身带动钢铁生产，同时带动石油消费。有色金属冶炼是高能耗产业。中国在2000年能量消耗为145531万吨标准煤，到2010年，能源消耗快速增长到324939万

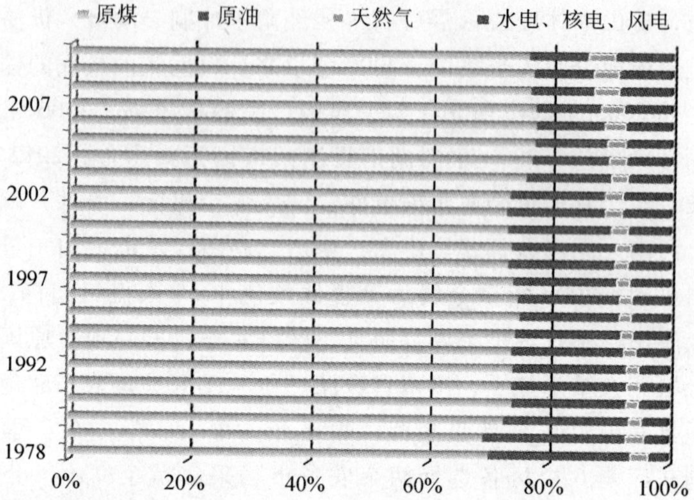

数据来源：中国统计年鉴 2011。

图 7.3 中国的能源结构

吨标准煤，为 2000 年能量消耗量的 2.23 倍，明显快于 2000 年与 1990 年之比的 1.47 倍。

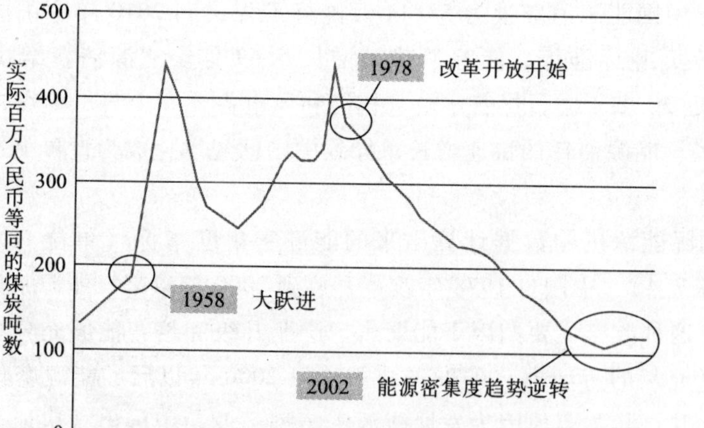

资料来源：国际能源机构（IEA），世界能源展望 2006。

图 7.4 中国能源密集度变化趋势

7.3 中国经济增长带来的环境污染和资源退化的成本

近年来，快速的经济增长使中国踏入了中高收入国家行列，但在经济增长的同时也给中国带来了一系列环境问题、严重的资源退化、人口严重的健康威胁等。由于贫困人口自身的脆弱性特征，环境破坏和资源退化对贫困人群影响更深。

健康成本。危害身体健康的环境因素通常有空气污染、水污染、重金属污染等，这些构成了中国人口生病和影响寿命的主要因素。尽管国际上不乏关于中国的环境风险的讨论，但是关于中国环境指数和人口健康结果的综合分析见诸于科学出版物或大众媒体的并不多。造成这种情况的原因主要是缺乏对环境风险进行系统监测和评估的数据，同时，有关工业排放的可靠数据几乎不可能获得。例如，国家很少对饮用水质量进行评估，最近的一次评估是在 1998 年。

根据官方数据统计，大约 75% 流经城市的水不能饮用或者养鱼，农村地区超过 3 亿居民饮水不安全。根据世界银行 2008 年的估计，中国人因痢疾和癌症相关的疾病和死亡造成的经济损失达到国民生产总值（GDP）的 0.49% 左右。最近，有研究显示，饮水污染是导致消化系统癌症的主要原因，这些癌症包括胃癌、肝癌、食道癌、直肠癌。根据 2009 年中国卫生年鉴统计，这四种癌症导致的死亡率达到十万分之 73.43。

空气污染带来的健康费用开支巨大。据世界银行估计，中国每年因空气污染导致的死亡人数大约 30 万，2000 万的呼吸系统疾病患者，550 万慢性气管疾病患者。带来的健康损害总成本据世界银行（2007）估计达到国民生产总值（GDP）的 1.8% -4.7%，而且近年来呈现快速攀升之势。

中国人口同样也遭受到土壤中重金属污染。中国现在是世界上最大的电子产品废弃物处理地。据估计，世界上 70% 的电子产品废弃物在中国被处理掉，这给中国带来巨大的健康和环境风险。过去几十年中，能源密集型加工活动快速推动了中国经济增长，但同时，也产生了严重的重金属污染。这些重金属包括铅、汞、砷、铬、镉等。然而，数据的缺失限制了对这些工业废弃物带来的健康成本的深入估计。

当人民盲目追求经济增长的速度并忽视增长的质量时，中国人口的生活质量往往面临着巨大风险。在中国，由于数据的缺失和对环境风险转化为健康受损的潜在转换路径缺乏足够了解，各种污染导致的健康代价的总规模仍无法估算。基于当前数据，中国现有的研究可能都低估了环境风险带来的对人口健康造成的危害成本。

发展阻塞点。日益严重的资源稀缺和退化对当前和今后若干年不仅仅给中国人口带来巨大的健康风险，而且还将变成经济增长的约束。能源和用水紧张为中国设置了一个阻塞点，限制了国家未来发展。农业和煤炭行业是中国两个用水最大的行业。2010 年，农业和煤炭两部门占用了 5990 亿立方米总水资源的 85%。

水短缺已经成为中国农业生产规模的制约因素。中国北部，农民由于水短缺被迫使用污水来灌溉 4 万平方千米的农田，导致了重金属对粮食的污染，同时也污染了土壤。发生这类事件通常不为人知，因为监测数据的缺失和缺少充分发挥作用的监测系统。由于水短缺，不安全的水将有可能越来越多地被用于粮食生产和加工。

水短缺也限制了天然水体服务于生态功能的能力。地表水的过度拦堵使用使中国北部主要河流维系最低限量生态环境流量也难以实现。水短缺还导致地下水的过度开采利用，因此，导致了地下水位下降、湖泊和湿地干涸和很多城市地区出现的土地下陷（世界银行，2009）。

中国希望通过清洁煤炭使用和发展水电来减少二氧化碳排放，但是这条途径受到水短缺的严重制约。即使中国发展低水耗能源，如太阳能、风能、核电，但基于煤炭的能源需求仍然快速增加。水电发展增加了水的稀缺性。尽管中国已经是世界上最大的水电开发者，但中国计划到 2020 年，水电装机容量要再扩展 3 倍，这可能遭受到水资源的约束。

高昂的污水净化成本也是中国未来经济增长的一个约束。水污染、土地污染、空气污染、噪声污染等的治理将花费中国数以亿计的资金，同时环境污染导致的健康成本（包括医疗费用、失去生产能力、早亡的损失）也十分巨大。

7.4 中国环境问题的成因及应对措施

为降低经济增长引致的资源环境代价，更好地服务于减贫，应对环境问题尤为重要。在过去30多年中国经济高速增长的过程中，中国政府采取了一些列措施来处理环境问题。首先，增加对环境问题的重视，建立完善环境管理机构。如把国家环保局升格为国家环保部。其次，完善环保法制体系，制定环境保护法。第三，不断增加环境污染治理投入（参见表7.1）和提高治理效率（参见表7.2）。但仅有这些还远远不足以应对越来越严峻的环境挑战。

表7.1 “十一五”环境污染治理投入情况（单位：亿元）

年份	环境污染治理总投入	城市环境基础设施建设投资	工业污染源治理投资	建设项目“三同时”环保投资	环境污染治理投资占GDP比重（%）
2006	2566	1314.9	483.9	767.2	1.22
2007	3387	1467.5	552.4	1367.4	1.36
2008	4490.3	1801	542.6	2146.7	1.49
2009	4525.3	2512	442.6	1570.7	1.33
2010	6654.2	4224.2	397	2033	1.66

数据来源：中国环境年鉴2011及作者整理。

表7.2 “十一五”工业“三废”治理效率（%）

年份	工业废水排放达标率	工业二氧化硫排放达标率	工业烟尘排放达标率	工业粉尘排放达标率	工业固体废物综合利用率	“三废”综合利用产品产值（亿元）
2006	90.7	81.9	87	82.9	60.2	1026.8
2007	91.7	86.3	88.2	88.1	62.1	1351.3
2008	92.4	88.8	89.6	89.3	64.3	1621.4
2009	94.2	91	90.3	89.9	67	1608.2
2010	94.7	92.1	90.6	91.4	66.7	1778.5

数据来源：中国环境年鉴2011及作者整理。

7.4.1 中国环境问题的成因

当前，中国环境形势十分严峻，有长期积累的环境问题，也有新近出现的环境问题。发达国家上百年工业化过程中分阶段出现的环境问题在我国已经集中体现。一些地区环境污染和生态恶化已经达到令人触目惊心的程度。

导致中国的环境问题的原因大致可归纳为几个方面：（1）粗放式发展方式。尽管我国经济总量现在已经跃居世界第二，但产业水平总体较低，污染排放多，对环境破坏大。据统计，与发达国家相比，我国每增加单位国内生产总值的废水排放量是发达国家的4倍，一些单位产品污染物排放量要高出10倍以上。同时，一些高污染的生产企业是从发达国家转移而来。粗放的发展方式不改变，环境污染就很难得到根本遏制。（2）经济利益驱动。一些地方在推动发展中，重经济轻环保，为了追求经济利益，只顾当前，不计长远，考虑局部利益多，着眼全局利益少，有的甚至不惜牺牲环境来换取经济利益。（3）执法问责不严。尽管近年来环境法制建设得到加强，环境监管力度加大，但是环境保护中有法不依、执法不严、违法不究的现象时有发生，对环境违法处罚力度不够，导致企业违法成本低，助长了环境污染行为的发生。（4）体制机制弊病。我国的环境管理职能交叉在多个部门，环境保护的统筹协调、统一监督职能仍需加强。地方环保部门实行双重领导，以地方为主的管理体制不利于地方环保部门独立执法。地方政府的环保责任仅限于本行政区，转嫁污染屡禁不止，跨界跨区域跨流域污染加剧。

7.4.2 应对措施

环境污染行为是短期的，但带来的危害是长期的，解决环境污染必然付出高昂代价。国内外的发展实践表明，不能再走先污染后治理的老路子。我国政府十分重视环境、经济增长与减贫之间的关系，一直在为处理好这一关系而努力。针对以上提到的导致环境问题的原因，中国政府提出了今后解决环境问题的思路和措施：

一是要从源头防治污染，从发展方式上找根源，加快调整经济结构，推动产业优化升级，切实改变资源消耗大、环境污染重的增长模式，全面控制污染物的产生。近年来，中国积极淘汰落后产能，在“十一五”期间，我国总共关停小火电机组7210万千瓦，淘汰落后炼铁产能1.2亿吨、炼钢产能7200万吨、水泥产能3.7亿吨，大大减少污染排放量。首先，从源头上防治污染，最重要的措施是调整产业结构。坚持走新型工业化道路，大力推动产业结构优化升级，加快发展先进制造业、高新技术产业和服务业，形成一个有利于资源节约和环境保护的产业体系。发展循环经济，实现资源产品的循环利用。其次，要大力推进环境科技进步来从源头控制污染。我国在《国家中长期科技发展规划纲要》中，已经把发展环境保护相关技术放在优先位置。通过设立重大环境科技专项来防治水、空气、重金属污染等。同时，加强环保技术装备研发力度，降低治理成本。再次，实施排放总量控制。“十二五”期间，各主要污染物排放总量国家都制定了削减指标，严格实施总量减排目标责任制，以削减氨氮等四项主要污染物为中心，以减排项目为依托，大力推进结构减排、工程减排和管理减排。

二是加大环境执法力度。我国虽已建立起国家、省、市、县四级环境执法体系，但由于受到环境监管体制、执法制度、机制和程序不完善的制约，执法能力和水平还相对薄弱。要解决这一问题，首先要强化实行最严格的环保制度。以完善保护环境的各项法律法规为重点，严厉打击环境违法行为，切实加大对污染者的处罚力度。其次，要进一步健全环境保护法规。立法是依法保护环境的根本。我国现行的《环境保护法》颁布实施了20多年，一些内容急需修订。因此，在修订环境法的过程中，一定要构建覆盖环保工作各个方面，门类齐全、功能完备、措施有力的环境法规标准体系，从根本上解决“无法可依”的问题，把环境保护纳入法制化轨道。再次，要继续坚持严格执法，加大处罚力度。特别是要加强重点流域、区域、行业的执法监管，加强城市和重点工业污染源的执法监管，持续深入开展环保专项行动。实施跨行政区执法合作和部门联动执法。同时，加大处罚力度，使罚款额与治污成本、污染物排放量、违法行为持续时间、污染造成的损失等因素挂钩，对于拒不改正的企业，依法责令停产或取缔，对造成重大污染损失的，应依法追究刑事责任。

三是重点解决突出环境问题。当前，中国突出的环境问题主要包括空气污染、水污染和重金属污染。在抓好水污染防治方面，2012年1月，国务院下发《关于实行最严格水资源管理制度的意见》，要求以水资源配置、节约和保护为重点，促进水资源可持续利用。通过财税优惠、项目倾斜等措施，鼓励一些地方率先摘掉流域水污染严重的帽子，让其休养生息。进一步提高城市污水处理率，“十二五”期末全国城市要平均达到85%以上，东部发达地区城市要超过90%。在抓好空气污染方面，要完善大气污染联防联控机制，实施多污染物协同控制，以降低浓度；积极推广清洁能源，大力削减污染物排放总量；加强机动车污染防治，提升车用燃油品质；抓好空气质量监测及发布。在抓好重金属污染方面，对重点防控区域、行业和企业采取综合措施，严禁新增重金属污染物排放建设项目，对造成污染的重金属企业，实行限期治理、停产治理和限产限排等。此外，农村环境保护、化学品和危险废物处理、垃圾围城和城市噪声等突出环境问题，也必须采取有力措施加以解决。

四是构建环保长效机制。在当前我国，环境保护很多管理制度和管理模式不能适应形势发展需要，必须探索建立有利于保护环境的长效机制，形成党委领导、政府负责、相关部门各负其责、环保部门统一监管、全社会共同参与的工作格局，力求走出一条“代价小、效益好、排放低、可持续”的环保新道路。首先，要落实政府责任，发挥主导作用。基本的环境质量是一种公共产品，是政府应当提供的基本公共服务。地方政府要对环境质量负总责，建立环境保护目标管理责任制，制定生态文明建设的目标指标体系，纳入地方经济社会发展评价范围和干部政绩考核，实行环保一票否决制。对于因决策失误、监管不力造成重大环境污染事故的，要严肃追究责任。其次，要完善政策措施，创造良好条件。各级财政要把环保投入列入年度预算，保持合理增长。完善中央财政转移支付制度，加大对中西部地区、民族自治地区和重点生态功能区环境保护的转移支付力度。建立健全有利于环境保护的价格、税收、贸易、信贷、土地和政府采购等政策体系。完善生态补偿政策，建立生态补偿机制。再次，要引入市场机制，用好经济杠杆。污染治理不能单纯依靠法律和行政力量，发挥市场作用才是长久之计。坚持“污染者负担、治理者受益”的原则，全面实施城市污水、生活垃圾处理收费制度，鼓励社会资本参与污水、垃圾处理等基础设施的建设和运营。推行排污许可证制度，开展排污权有偿使用和交易试点，建立国家排污权交易中心，发展排污权交易市场。第四，要健全监测体系和防控网络。环境监测是环境管理的基础，是参与环境和发展综合决策的依据。必须集中力量加强先进环境监测预警体系建设，加大风险隐患排查和评估力度，把环境污染事件消灭在萌芽状态。完善环境监测网络，强化监测站标准化建设，扩大监测范围。建立快速高效的环境事故应急监控和突发事件预警体系。最后，动员全社会参与环保。大力开展环境宣传教育，增强全民环保意识，在全社会形成保护环境的良好氛围。

五是减贫过程中资源开发要更加关注环境影响。减贫需要资源开发，但开发资源包括自然资源开发和人力资源开发，在关注减贫可能对环境造成的影响时，我们的减贫政策需要更加侧重于人力资源的开发。与此同时，政府要加快对贫困地区生态补偿政策体系建设，建立完善碳交易市场，为促进贫困地区人口、资源、环境的良性循环拓展新路径。

参考文献：

1. World Bank 2009. Addressing China's water Addressing China's Water Scarcity：Recommendations for Selected Water Resource Management Issues.

2. World Bank 2007. Washington，DC：World Bank. Cost of Pollution in China：Economic Estimates of Physical Damages Available：http：//siteresources. worldbank. org/INTEAPREGTOPENVIRONMENT/Resources/China_ Cost_ of_ Pollution. pdf.

3. 中华人民共和国国家统计局：《中国统计年鉴 2001－2011》。

4. 中华人民共和国水利部：《2010 年中国水资源公报》。

5. 中国环境年鉴社：《中国环境年鉴 2011》。

第 8 章

贫困县经济增长质量研究：安徽案例

8.1 导言

改革开放 30 年来，我国经济高速增长，人均 GDP 由 1978 年的 379 元上升到 2009 年的 28543 元，年均增长超过 8%，同期，农村居民家庭人均纯收入由 134 元上升到 4504 元。在这种经济社会快速发展的大背景下，数亿农村人口摆脱了贫困，按照我国官方贫困线标准，农村贫困发生率从 1978 年的 30.7% 下降到 2007 年的 1.6%（汪三贵，2008）。按照世界银行每人每天消费 1.25 美元的标准，我国农村贫困人口从 1980 年的 6.52 亿减少为 2005 年的 1.35 亿，25 年的时间，有 5.17 亿中国农村人口摆脱了贫困（王小林，2011）。

但是，在经济持续增长的同时，减贫进程却表现出与经济增长显著的不一致性和波动性。1980－1988年间农村贫困人口急剧减少，但1994－1998年减贫速度却在明显下降，且1998－2000年更是出现了贫困率的上升。上述数据表明，我国经济增长的减贫效果在下降，正如一些经济学者指出的，经济增长并不能自动地惠及贫困群体，经济增长过程中有可能伴随贫困人口生活水平下降。这提醒我们，经济增长与社会福利增加和贫困减少之间的关系不是单一性的，真正起作用的不是经济增长的速度而是经济增长的质量。减贫更需注重经济增长质量。

根据《中国农村扶贫开发纲要（2001－2010年）》，我国目前共有扶贫开发重点县592个，涵盖了全国72%以上的农村贫困人口。随着扶贫资金的不断投入和扶贫工作的深入展开，贫困县财政收入和工业产值有了明显增长，相比之下，农民收入增长幅度却较为缓慢。贫困人口规模和贫困发生率呈现双向反弹的趋势。农村减贫进程为什么会进展不平衡，甚至返贫？贫困人口是否分享了经济增长的好处？在多大程度上分享了经济增长的好处？都是现阶段摆在扶贫进程面前亟待解决的重要问题。

加快贫困县经济增长是减少贫困的最根本力量。但是，如果经济增长不是建立在良好的制度环境基础之上的话，很容易产生各类市场扭曲和投资低效率。如何通过转变经济增长方式，提高资源利用效率、减少环境污染、减少不平等状况等途径来提高经济增长质量已经成为贫困县经济发展中的一项重要课题。

对贫困县经济增长质量问题进行研究不仅具有重要的理论意义，而且也具有显著的实践意义。从理论发展的角度讲，研究贫困县经济增长质量是对经济增长理论的发展和完善。从经济现实的角度讲，探讨如何提高贫困县经济增长质量、转变经济增长方式是我国贫困县经济发展的迫切需要。

本案例研究报告是对我国贫困县经济增长质量的一个探索性研究。报告的结构安排如下：在第二部分，报告将通过对贫困经济增长质量的相关理论的梳理，界定贫困县经济增长质量的内涵，作为下文实证分析的理论指导和理论基础；第三部分是基于结构性角度，对安徽省国家级贫困县经济增长质量与贫困现状进行剖析，并在第四部分对安徽省经济增长的亲贫性进行判定。最后，第五部分是相关的结论和政策性建议。

本报告的数据来源，除有专门注明外，均来自总课题组在2011年7－8

月间进行的国家级贫困县考察以及课题组调研所得数据资料，1995－2007 年《安徽省农村住户调查资料》以及 2006－2010 年安徽省国家级贫困县贫困监测点资料。

8.2 贫困县经济增长质量内涵的界定

对贫困县经济增长质量问题的研究必须建立在对其内涵的理解基础之上，对贫困县经济增长质量内涵的界定直接决定了对这一问题的研究视角、研究范围以及研究内容。

结合我国贫困县的现实需要，借鉴国内外相关理论，本报告对贫困县经济增长质量的内涵从如下若干方面做出界定。

（1）经济增长数量的持续状况。对于贫困而言，经济增长首先要有数量的扩张，才能谈到质量的提高。并且经济增长质量的提高需要建立在经济增长有持续的数量保证的基础上。根据美国经济学家西蒙·库兹涅茨的定义："持续增长是指不为短期波动掩盖的一种量的增长。"可见，经济增长的持续性是一个长期的概念，它并不否定经济当中存在着"短期波动"的现象，而是强调：从一个较长的时期来看，经济总量具有明显的上升趋势。经济的这种持续增长性是保证贫困县经济增长质量必不可少的前提。

（2）经济增长的稳定状况。增长稳定性是界定贫困县经济增长质量极其重要的一个方面。过度波动的经济增长会造成社会资源的巨大浪费，从而影响经济增长的持续性，同时也会加大宏观经济运行的潜在危险，并对贫困人口造成极大的影响，由于贫困人口缺乏应对经济冲击的资本，他们比富人在维持消费水平稳定上更为困难；同时由于缺乏替代性选择，贫困人口往往从事的是那些最易受到经济波动影响的工作，经济危机会严重损害他们的人力和自然资产，进一步加大贫富差距。

（3）经济结构的优化状况。经济结构与经济增长质量之间有着密切关系，经济结构决定了经济增长的质量。国民经济结构中的产业结构是否协调反映了要素配置效率高低，反映了经济增长质量的高低。有学者研究表明，第三产业发展滞后会影响其他产业和整个经济增长效率的改进，且第三产业比重过低会影响经济增长的稳定性。经济增长质量提高在长期内依赖于产业结构向相对合理化和高度化的状态过渡，因此，经济增长的过程必然导致产业结构的转换和升级。且国民经济中需求结构和所有制结构是否协调决定了经济增长的可持续性和稳定性。

（4）资源环境的利用状况。在经济增长过程中，资源环境代价不可能自动消失，必须积极采取措施，合理利用资源、保护生态环境，可以在一定程度上缓解二者之间的矛盾，经济增长并不必然导致高的资源环境代价。合理的资源环境的消耗不会降低经济增长质量，即经济生产活动对资源环境的损耗是在环境可以恢复的限度内进行的，是一个良性循环。过度的资源环境消耗会制约经济增长质量的提高。只有用越来越少的资源消耗和环境破坏来获取经济的不断增长，才是真正的经济增长。

（5）福利分配的平等状况。对于贫困县而言，福利分配是经济增长质量的重要方面。贫困县的经济增长虽然使贫困人口显著减少，但是“相对”贫困人口却明显增长。提高福利分配平等程度，有助于放松贫困人口的借贷约束，促进人力资本投资，增加低收入者的投资机会，提高机会的平等性，促进要素使用效率的提高和技术创新，使更多贫困人口享受到经济增长的好处。

8.3 安徽省国家级贫困县经济增长质量与贫困剖析

8.3.1 安徽省国家级贫困县经济发展现状

8.3.1.1 安徽省国家级贫困县基本情况

依照2006年标准，目前，安徽省共有国家级贫困县20个，分别为长丰县、临泉县、阜南县、颍上县、利辛县、太湖县、宿松县、枞阳县、岳西县、潜山县、寿县、霍山县、霍邱县、裕安区、金安区、舒城县、金寨县、无为县、石台县、泾县。这20个县（区）集中分布在大别山区、沿淮淮北地区、江淮分水岭地区及皖南山区。这些地区，或地域偏僻、交通闭塞，或资源匮乏、环境恶劣，或生态脆弱、灾害频繁，构成了安徽省重点贫困地区。

截至2009年，全省20个国家级贫困县土地总面积为4.10万平方公里，总人口2016.35万人，分别占全省的29.53%和29.68%。20个县（区）共有贫困人口134.52万人（包括未解决温饱的绝对贫困人口和低收入人口，下同），占全省贫困人口的53.67%。自1998年以来，安徽省国家级贫困县贫困发生率基本上在3% -4%上下波动，2003 -2007年呈持续下降趋势，但2008年后，由于贫困线标准的重新划定，贫困发生率有所回升（见图8.1）。20个国家级贫困县农民人均纯收入，由2005年的2644元增加到2010年的4409元，增收2365元，增长115%，高于全省15个百分点。

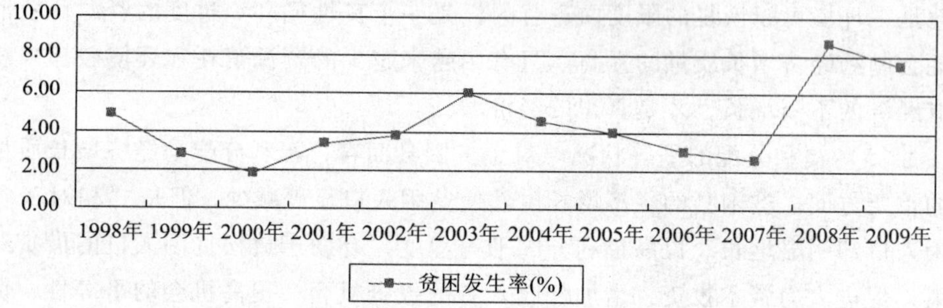

图8.1 安徽省国家级贫困县贫困发生率（1998 -2009年）

8.3.1.2 安徽省国家级贫困县经济发展情况

2000年以来，安徽省国家级贫困县经济发展呈现持续增长态势，GDP增长率持续上升，与安徽省GDP增长率基本保持一致，甚至在2004年后，贫困县GDP增长率超过了安徽整体的GDP增长率（见图8.2）。在2009年度全省县域分类考核评价中，20个国家扶贫重点县中分别有1个县位列科学发展先进县一类县列和二类县列，同时，无为、长丰、泾县、霍山、潜山5个国家级贫困县被认定为2009年度全省产业集群优势县。

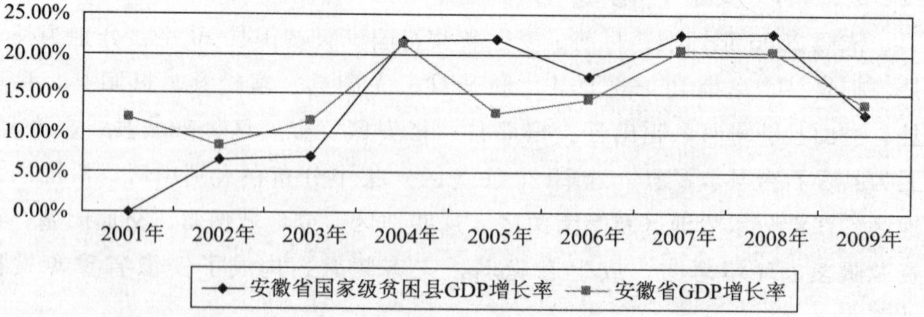

图8.2 安徽省及安徽省国家级贫困县GDP增长率（2001 -2009年）

产业结构持续改善。从表8.1中可以发现，国家级贫困县产业结构基本实现以工农业为主向一、二、三次产业协同发展的转变。近10年来，尽管第一产业比例仍占有一定优势，但以下降为主，第二、三产业以上升为主。第三产业尽管升幅不大，但却比较稳健，并且在部分年份超过第二产业，因此可以说，安徽省国家级贫困县三次产业在调整中均得到长足发展，农业基础地位不断强化，工业实现持续快速发展，服务业迅速发展壮大。三次产业增加值在国内生产总值中所占的比例由2000年的38.6:26.92:34.48调整为2009年的28.02:40.86:31.11。

表8.1 安徽省国家级贫困县GDP与产业结构

	2000年	2003年	2005年	2006年	2007年	2008年	2009年
GDP（亿元）	417.27	475.80	706.00	827.00	1012.00	1242.00	1397.00
第一产业所占比重（%）	38.60	36.76	31.02	31.38	30.47	29.63	28.02
第二产业所占比重（%）	26.92	29.91	31.87	33.72	36.40	38.73	40.86
第三产业所占比重（%）	34.48	33.33	35.41	34.90	33.14	31.64	31.11

数据来源：各年份《安徽统计年鉴》数据计算所得。

贫困县财政实力不断增强。经济的快速发展和规模的扩大，同时带来了贫困县财力的增加。2000年安徽省国家级贫困县国家财政收入仅21.68亿元，2009年达到59.84亿元，接近翻了两番。财力的增加对促进贫困县经济发展、加强贫困县经济和社会中的薄弱环节、切实改善民生、有效应对各种风险和自然灾害的冲击提供了有力的资金保障。

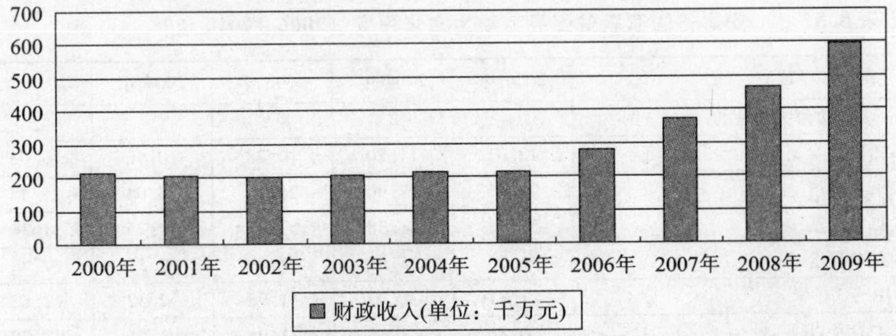

图8.3 安徽省国家级贫困县财政收入情况（2000-2009年）

8.3.2 安徽省国家级贫困县减贫成效

8.3.2.1 贫困人口规模缩小，贫困发生率下降

安徽省国家级贫困县的贫困人口规模与贫困发生率来看，贫困人口规模基本处于下降的发展趋势，近年来由于贫困线标准的调整，导致规模有所增加；而贫困发生率相对来说波动较大，且降幅较为缓慢。

表 8.2 安徽省国家级贫困县贫困人口规模与贫困发生率（1998－2009 年）

年份	贫困人口数（万人）	贫困发生率（%）
1998	96.00	4.91
1999	57.81	2.80
2000	33.04	1.84
2001	57.60	3.41
2002	63.27	3.80
2003	102.31	6.00
2004	77.57	4.53
2005	67.33	3.93
2006	50.94	2.95
2007	45.41	2.59
2008	153.93	8.71
2009	134.52	7.55

资料来源：各年份《安徽省统计年鉴》。

同时，我们从安徽省国家级贫困县监测资料可以看到，贫困县的劳动力文化程度并不高，基本为初小程度，这为贫困人口脱贫带来了很大障碍。因此加强对贫困人口，尤其是劳动力的技术培训是非常有必要的（见表 8.3）。

表 8.3 安徽省国家级贫困县劳动力文化程度（2006－2010 年）

比　重	2006 年	2007 年	2008 年	2009 年	2010 年
（一）劳动力文化程度					
1. 文盲、半文盲	12.01	11.20	10.78	10.56	10.06
2. 小学程度	28.43	27.90	26.46	26.04	25.88
3. 初中程度	50.61	51.38	52.04	51.75	51.36
4. 高中程度	6.27	5.53	7.06	7.52	7.88
5. 中专	1.81	1.92	1.98	2.32	2.62
6. 大专及以上	0.86	1.15	1.68	1.81	2.20
（二）曾接受过技能培训人数	14.96	15.42	17.39	19.02	20.82

数据来源：安徽省贫困监测点各年份监测资料。

8.3.2.2 贫困县基础设施不断加强，生产生活条件逐步改善

根据安徽省国家级贫困县贫困监测点资料显示，2006年来，安徽省国家级贫困县加大了对基础设施建设的投入，到2010年，国家级贫困县监测点通公路的自然村比重已经达到85.69%，比2006年增长近八个百分点，且农户到最近乡镇政府距离基本上都在2－10公里范围之类。至2010年，几乎所有的自然村都已通电、通电话以及可以接受电视节目（见表8.4）。

表8.4 安徽省国家级贫困县基础设施条件（2006－2010年）

比　　重	2006年	2007年	2008年	2009年	2010年
1. 通公路的自然村	77.83	82.43	85.97	85.80	85.69
2. 通电的自然村	99.29	99.17	100.00	99.97	99.16
3. 通电话的自然村	97.87	97.68	98.42	98.40	97.83
4. 能接收电视节目的自然村	96.66	98.96	99.49	97.32	96.83
5. 本村到最近乡镇政府的距离					
（1）2公里以下的户数	7.50	7.50	8.00	8.00	7.00
（2）2－5公里的户数	43.50	43.00	42.00	41.50	41.50
（3）5－10公里的户数	30.00	30.50	31.50	31.00	32.50
（4）10－20公里的户数	11.50	11.00	11.00	10.50	11.00
（5）20公里以上的户数	7.50	8.00	7.50	9.00	8.00

数据来源：安徽省贫困监测点各年份监测资料。

近5年来，安徽贫困县在政府专项资金的支持下，实施农村饮水工程，解决饮水困难和安全饮用水问题。2010年，国家级贫困县农户饮用水困难户的比重已降至1.6%（见表8.5）。

表8.5 安徽省国家级贫困县卫生及饮水条件（2006－2010年）

生活设施状况（比重）	2006年	2007年	2008年	2009年	2010年
（一）公共卫生设备					
1. 水冲式厕所	4.25	5.65	6.20	6.35	9.00
2. 旱厕	92.00	91.60	91.30	92.30	89.95
3. 无厕所	3.75	2.75	2.50	1.35	1.05
（二）饮用水					
1. 自来水	20.15	19.30	18.85	23.20	26.05
2. 深井水	46.90	47.45	47.10	49.65	49.25

续表

生活设施状况（比重）	2006 年	2007 年	2008 年	2009 年	2010 年
3. 浅井水	26.35	29.35	26.75	20.45	19.05
4. 江湖河泊水	1.70	1.30	1.60	1.65	1.85
5. 塘水	1.45	1.15	1.25	0.95	1.00
6. 其他水	3.45	1.45	4.45	4.10	2.80
（三）饮用水水源有污染	3.70	2.20	2.65	2.15	1.60
（四）饮用水困难	4.05	2.15	2.50	2.05	1.60
（五）取得生活燃料越来越困难	11.05	7.20	7.70	6.95	4.45

数据来源：安徽省贫困监测点各年份监测资料。

8.3.2.4 贫困县教育、健康条件逐步改善

在九年制义务教育以及针对贫困家庭的“免学杂费”、“免教科书费”、“贫困家庭寄宿制学生生活费补助”、“希望工程”等政策和项目的支持下，安徽省国家级贫困县农村失学儿童的比重有了显著的降低，且失学的主要原因是自己不愿意上学，由于经济困难造成失学的比重在逐渐降低。贫困家庭儿童的教育状况得到了显著的改善。

但是我们也发现，自然村中有幼儿园、卫生室、合格乡村医生以及合格接生员的比重还是很低，且发展速度较缓。农户家庭距离最近小学的距离位于20公里以上占到60% –70%。

表 8.6 安徽省国家级贫困县教育健康条件（2006 –2010 年）

比　　重	2006 年	2007 年	2008 年	2009 年	2010 年
1. 本村有幼儿园	3.30	3.40	3.81	3.51	3.69
2. 本村有卫生室	5.97	5.62	5.90	5.39	5.70
3. 本村有合格乡村医生	5.79	5.41	5.59	5.33	5.50
4. 本村有合格接生员	5.44	4.92	5.35	5.04	5.28
5. 距离最近小学距离					
（1）2 公里以下的户数	16.50	17.50	18.50	22.00	21.00
（2）2 –5 公里的户数	12.00	8.50	10.50	17.00	15.50
（3）5 –10 公里的户数	5.00	3.50	1.50	1.50	2.00
（4）10 –20 公里的户数	—	—	—	—	—
（5）20 公里以上的户数	66.50	70.50	69.50	59.50	61.50

数据来源：安徽省贫困监测点各年份监测资料。

同时，从农户有病不能及时就医的原因中我们可以看到，随着贫困县农户医疗卫生服务提供的不断增加，农户就医观念在逐渐发生变化，但是经济困难、医院太远仍然是农户能否及时就医的主要障碍。

8.3.3 安徽省国家级贫困县经济增长质量的减贫效应——基于结构性分析

8.3.3.1 贫困县GDP增长与农民收入增长不同步

衡量贫困县经济增长质量的指标之一是看贫困县经济增长给贫困县农户尤其是贫困农户带来的好处，即经济增长的成果是否被最广大的人民群众所分享。我们可以借助观察贫困县GDP的增长与贫困县农村居民收入的增长情况来进行简单的初步判断。图8.4显示了2001年以来，国家级贫困县长丰县随着GDP的迅速增长，农村居民收入增长的情况。从图中可以看出，2004年之前，贫困县经济增长与农村居民收入增长基本上是同步的。但是，2004－2009年，发生了结构性转变，即经济增长更多地体现为GDP的增长，而农村居民人均收入却没有相应得到提高。也就是说，2004年之后，经济增长的成果更多地被其他的主体分享。2004年以来，贫困县的经济增长质量在农户相对受益这一方面发生了结构性变化。2004年可以认为是结构性变化的转折点，之后，农民收入的增长远远落后于GDP的增长。

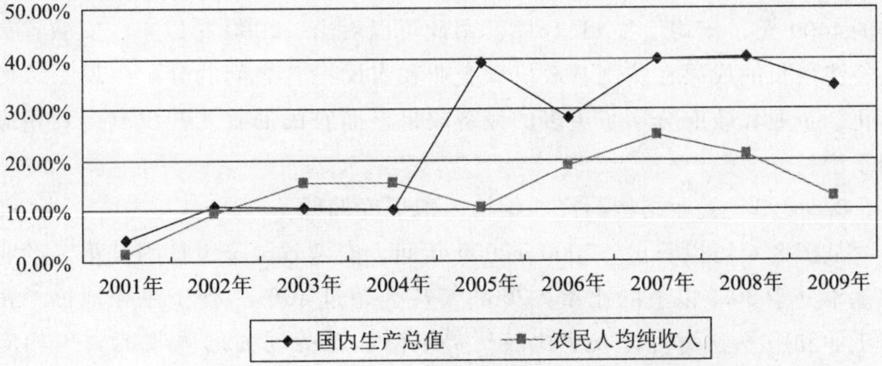

图8.4 长丰县GDP、农民人均纯收入增长（2001－2009年）

8.3.3.2 贫困县政府、企业和农民收入分配结构失衡

为了分析贫困县经济增长成果分配的情况，本章粗略地将利益主体划分为政府、企业和农民。本章用规模以上工业企业的利润总额作为企业的代理变量，用国家财政收入作为政府的代理变量，用农村居民收入作为农民

的代理变量。

以长丰县为例，图 8.5 表明，2002 - 2009 年，长丰县规模以上工业企业利税总额和县财政收入均呈增长态势，且企业利润增长的速度大于国家财政收入增长的速度。规模以上工业企业利润总额年均增长 49.4%，国家财政收入年均增长 29.0%。2002 - 2009 年，长丰县农村居民人均纯收入都呈波动性增长趋势，农村居民人均收入年均增长分别为 16.0%。

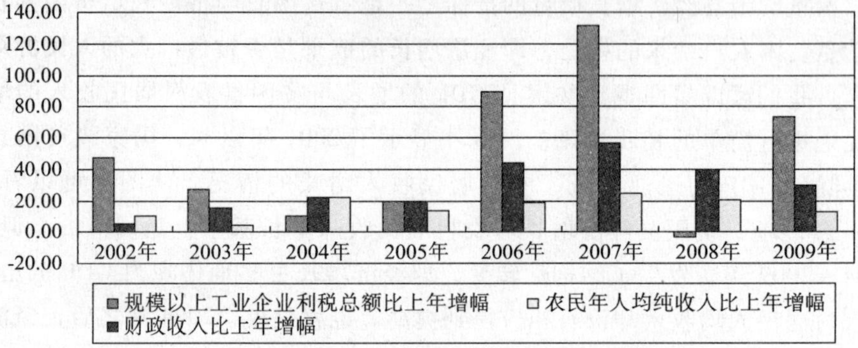

图 8.5 长丰县规模以上工业企业利税总额、财政收入及农民年人均纯收入增幅（2002 - 2009 年）

20 个国家级贫困县农民人均纯收入，由 2005 年的 2641 元增加到 2010 年的 4409 元，年均增长 11.16%。由此可以看出，2000 年以来，安徽省贫困县经济增长的成果在贫困县政府、企业和农民三者之间的分配出现了结构性变化，企业和政府分享了更多的经济成果，而农民的收入并没有得到相应的同步增长。

8.3.3.3 就业结构与产业结构匹配程度偏低

从图 8.6 可以看出，2000 - 2009 年间，安徽省国家级贫困县第二产业结构基本处于 30% 以上的比重，2009 年甚至超过 40%，处于主导地位。相对于工业和服务业而言，农业比较优势下降，对劳动力的吸收能力也相应降低，反之，工业和服务业的比较优势则日益凸显。产业结构的优化升级，高新技术的不断发展，对提高劳动力素质提出了迫切要求，在劳动力素质未能在短时期提高的情况下，将会在一定程度上带来就业压力。从另一个角度看，经济结构的升级也要求资源进一步向资金和技术密集型的产业转移，这会导致单位资金提供的就业机会减少。且城乡分割的公共服务体系导致城乡就业歧视大，在一定程度上限制了农村劳动力向城市非农产业流动，使得就业结构与产业结构的匹配程度偏低，导致农民收入结构不尽合理。

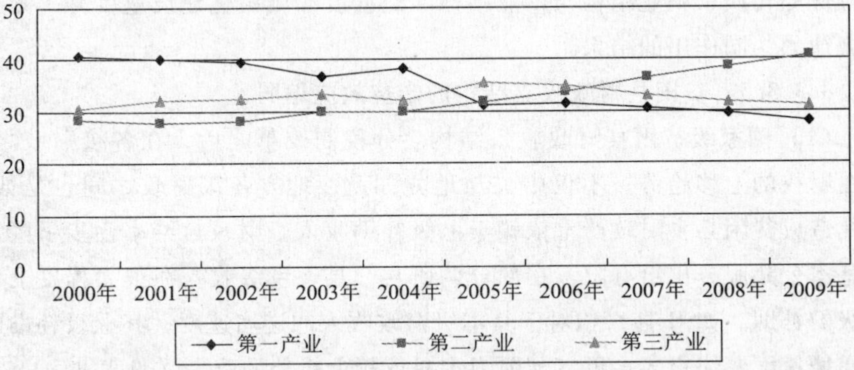

图 8.6　安徽省国家级贫困县产业结构（2000－2009 年）

8.3.3.4　贫困县农民收入结构不尽合理

在国家扶贫政策的扶助下，贫困县农民收入水平有了显著的提高，但收入来源结构也发生了显著的变化。从 2006－2010 年安徽省国家级贫困县贫困监测资料看，农民收入增长正由依靠经营性收入增长转变为依靠劳动报酬收入的增长。且农户家庭经营性收入中来自外出就业得到的收入到 2010 年已超过 2/3 强，财产性收入和转移性收入在农民收入结构中所占的比重较低，但随着国家强农惠农政策力度的加大，农民真正尝到了转移性收入的甜头。转移性收入中有 40% 左右来自政策性转移支付。

表 8.7　安徽省国家级贫困县农民人均纯收入结构（2006－2010 年）

	2006 年	2007 年	2008 年	2009 年	2010 年
全年纯收入					
（一）工资性收入	41.94	44.57	45.47	45.84	46.13
其中：在本乡地域内劳动收入	22.26	20.32	24.02	23.97	23.40
外出从业得到收入	66.96	69.04	66.60	66.64	67.05
（二）家庭经营性纯收入	52.86	49.17	46.48	46.21	46.35
（三）财产性纯收入	1.45	1.59	1.67	1.35	2.00
（四）转移性收入	3.75	4.70	6.38	6.59	5.52
其中：政策性转移支付	—	—	49.73	38.86	44.36

数据来源：安徽省贫困监测点各年份监测资料。

贫困县农民收入结构的演变是贫困县经济发展的一个缩影，是受到产业比较优势转换、就业结构与产业结构匹配程度、城镇化建设速度等一系列经济规律的共同作用的结果。

8.3.3.5　贫困县财政收支结构的亲贫效应偏弱

（1）国家级贫困县财政收入结构。分税制改革之后，在各级财政之间，存在财权的上移趋势。不仅中央与地方如此，地方各级财政之间也是如此。由此造成贫困县乡财政严重依赖于上级补助收入，财政自给率逐步下降，进而基本公共服务供给有限。在部分调研县，县、乡级收入在很大程度上依靠上级的补助。如H县，相对于其本级财政收入的递增速度，其上级补助收入的递增速度要快很多，可支配财力主要依赖上级补助收入（见表8.8）。

表8.8　H县可支配财力情况表（万元）

年份	2005年	2007年	2009年
收入总计	44033	70263	121012
本级财政收入	16924	26341	43721
税收返还	3398	3772	3966
其中：增值税和消费税返还	1699	2073	2267
所得税基数返还	1699	1699	1699
上级补助收入	23460	40064	56771
体制补助	9212	17295	19058
一般性转移支付补助	2573	420	
结算补助	336	1406	1396
其他财力转移性支付	2272	1842	
专项转移支付	9067	19101	36317
上年结余	7	8	8
可支配财力	43789	70185	104466

数据来源：调研资料整理；

注：可支配财力 = 本级财政收入 + 上级补助收入 + 上年结余收入。

（2）国家级贫困县财政支出结构。从2004年以来的贫困县财政支出结构可以发现，县级财政主要承担了教育、社会保障、医疗卫生、农林水事务等基本公共服务的提供。其中教育支出的比重基本上占财政总支出的1/4。而用于科技和环境保护方面的支出可以说是微乎其微。2009年，上述两项支出仅占财政支出的0.66%和1.83%。这对逐步消除贫困县农业生产条件、自然生态环境和自然灾害对短期和长期致贫的影响是不利的。

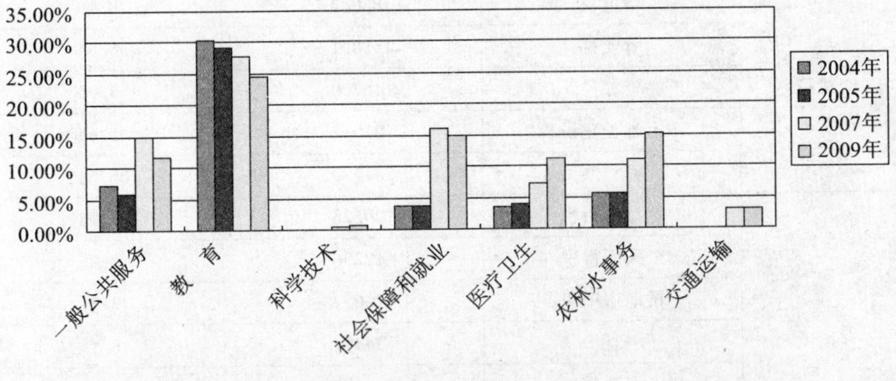

图8.7 安徽省国家级贫困县各项财政支出比重（部分年度）

（3）国家级贫困县税收收入结构。Vinod Thomas和王燕（2010）认为，间接税比例过高，将存在合法税收漏洞，主要使富人受益。因此，提高直接税占税收总额的比例，减少对间接税的依赖，可以降低税收的不公平性。

目前，安徽省国家级贫困县税收收入呈持续增长趋势，2009年20个县区税收收入总额达423161万元，其中直接税和间接税分别为141591万元和281570万元；直接税中具有调节收入分配作用的所得税比重为9.87%，明显低于全国整体状况。

20个国家级贫困县间接税收入占税收总额的比例过高，而直接税收入占税收总额的比例偏低。其结果是，最终贫困县农户，特别是负担增值税、营业税等普遍征收的间接税的贫困户负担偏重，税负的累退性比较明显。

尽管从2000年起，安徽省就开始"取消"农业税试点，农民直接税收负担下降，但是间接税收负担依然比较重，同时现行税制难以体现工业反哺农业的原则。比如国家对农业生产资料，如饲料、农膜、农机具、化肥、农药、种子、种苗等，从生产到销售环节都实行减免退税政策。政策的初衷是为了照顾农民利益，减轻农民负担，但实际上真正获利的是生产厂家或经销商，生产资料水涨船高，农民并没有真正得到实惠。

同时，我们还可以看到2009年单税种收入占税收收入总数超过10%的只有增值税（20.10%）和营业税（36.84%）。但增值税是共享税，当地只有25%的返还，这样所占比例将不足10%。同时，营业税和增值税是流转

表 8.9　　2009 年安徽省国家级贫困县直接税与间接税

	项目	收入额（万元）	占税收总额比重（%）
间接税	增值税	85062	20.10
	营业税	155891	36.84
	资源税	16700	3.95
	城市维护建设税	23917	5.65
	小计	281570	66.54
直接税	企业所得税	29528	6.98
	个人所得税	12236	2.89
	耕地占用税	16057	3.79
	契税	34481	8.15
	烟叶税	197	0.05
	其他各项税收收入	49092	11.60
	小计	141591	33.46
合计		423161	100

资料来源：2010 年《安徽省统计年鉴》。

税，从理论上说一般不宜作为地方税，尤其是基层主体税收，因为流转税的外部性较强。税收结构与产业结构密切相关，因为贫困县的产业层次基本较低，使以第三产业为主要税源的营业税难以胜任主体税种的地位。从理论上比较适合于基层征收的居民基础类税收，如个人所得税、城市维护建设税、房地产税、城镇土地使用税等，因其比重较低而难以承担主体税种的功能。

8.4　安徽省经济增长的亲贫性分析

8.4.1　亲贫困增长判定——同减贫经济增长率

Kakwani、Khandker 和 Son（2004）提出的“同减贫经济增长率”（PEGR－Poverty Equivalent Growth Rate）γ^* 假定：在收入分配状况保持不变时（每个人都获得相同的收入增长率），能达到与实际经济增长率 γ 相同减贫效果的减贫经济增长率 γ^*。γ^* 被定义为亲贫困指数（Pro－Poor Index）与社会实际经济增长率 γ 的乘积，前者衡量了穷人在经济增长中的受益程度，后者反映了经济增长的绝对速度，这一定义同时考虑了经济增长和收入分配对减贫的影响。

8.4.2 数据来源与处理

8.4.2.1 贫困线

研究机构和学者对贫困的理解大致可以分为两类：收入贫困和能力贫困。收入贫困又可以分为绝对贫困和相对贫困。由于能力贫困和相对贫困主观性强、可操作性低，在实证运用中还是以绝对贫困为制定贫困线的基础。绝对贫困是指缺乏维持生存的基本物质条件。本章以 1995 年为基准年，以 1995 年的国家贫困线 530 元为基准贫困线。

8.4.2.2 收入参数的选择

在考察经济增长、收入分配和减贫的关系时，以绝对贫困线来估算减贫效果选择收入为参数比较合适。同时，由于无法获得农村居民的家计数据，因此本报告采用 1995 - 2007 年《安徽省农村住户调查资料》中安徽农村居民收入分组数据来进行实证分析。数据是根据农村居民人均纯收入进行分组的，共分为 20 组，前五组以 100 元为跨度，后七组以 500 元为跨度，中间以 200 或 300 元为跨度。由于采用 1995 年贫困线来计算，所以先将 1996 - 2007 年农村居民消费价格指数除以 1995 年价格指数计算调整后的消费价格指数，再将各年分组数据分别除以调整后的消费价格指数，以保证各年收入数据都以 1995 年为基期。

8.4.2.3 实际经济增长率

本章使用的实际经济增长率是根据收入分组数据和常住人口计算出来的，与根据统计年鉴公布的农村居民家庭人均纯收入计算的增长率具有趋势上的一致性。

8.4.3 亲贫困指数的实证分析

8.4.3.1 FGT 指数测度贫困程度

度量贫困的主要且常用的指标是 FGT 指标组（Foster、Greer 和 Thorbecke，1984），包括贫困发生率（H）、贫困距（PG）、贫困平方距（SPG）。在只有分组数据资料的情况下无法直接求出，因而需要由此拟合收入分布函数才能计算。世界银行经济学家 Ravallion 和 Chen 在对中国 1980 年以来收入分配状况分析后发现GQ方法的方程形式对于农村居民家庭拟合度较好，FGT指标变动趋势如图8.8。

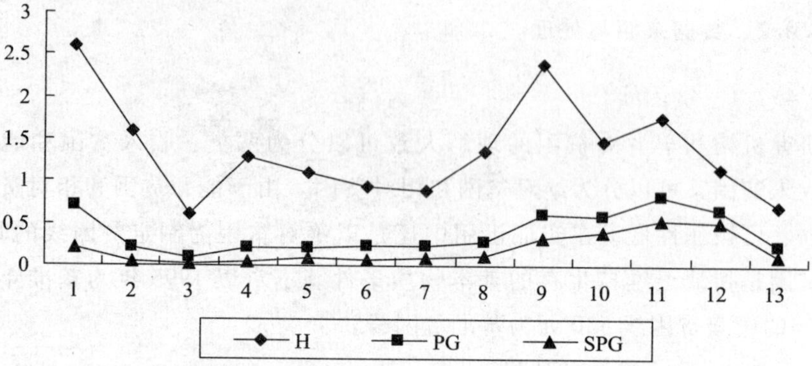

图8.8 1995－2007年安徽农村居民贫困指数变动趋势

从时间序列上看，安徽省农村贫困发生率比较低，维持在3%以内，近三年贫困发生率下降明显。贫困距PG和贫困平方距SPG赋予穷人更大的权重，均小于贫困发生率，说明安徽农村贫困人口大都在贫困线附近，极端贫困者比较少。同时，从趋势图中可以看出H指标比PG、SPG指标更敏感，表明一些虽然脱离贫困，但在贫困线周围徘徊的人口对自然灾害、农作物价格变动等比较敏感，很容易再度陷入贫困。从整体趋势图上还可以看出，安徽省农村贫困状况并不是逐渐减缓的，在1998－2003年出现了反弹，贫困状况恶化。

8.4.3.2 安徽经济增长的亲贫性判定

1995年以来，安徽经济增长和社会发展取得了巨大的成就。在扶贫工作方面，以1994年3月《国家八七扶贫攻坚计划》的公布实施为标志，安徽的扶贫开发进入了攻坚阶段。新世纪以来，安徽省的扶贫开发进入了第四个阶段，虽然贫困程度在一些时期出现了反弹，但相对于80年代初还是有明显的下降。表8.10和图8.9分别描述了1995－2007年安徽经济增长所引起的实际收入增长及其减贫效果。

实证研究得到了以下几个重要结论：

首先，从整个变化趋势来看，同减贫经济增长率在大部分时期与实际经济增长率的变动是一致的，这表明经济增长能有效减少贫困，是减贫的有力武器。但从数值对比来看，经济增长并不是减贫的充分条件。根据前面介绍

表 8.10　　安徽省经济增长的减贫效果　　单位:%

年份	实际收入增长率 γ	减贫经济增长率 PEGR		
		贫困发生率 PEGR0	贫困距比率 PEGR1	平方贫困距比率 PEGR2
1995 - 1996	13.19	18.35	22.31	20.91
1996 - 1997	11.71	9.85	9.34	6.42
1997 - 1998	3.12	-5.87	-18.1	-14.02
1998 - 1999	4.07	0.85	-1.3	-13.1
1999 - 2000	-6.61	4.75	-2.31	4.02
2000 - 2001	5.3	6.83	0.21	-7.03
2001 - 2002	6.04	-9.23	-5.01	2.62
2002 - 2003	5.03	0.46	-24.99	-46.92
2003 - 2004	12.24	9.98	0.55	-7.36
2004 - 2005	3.73	-1.65	-16.31	-12.75
2005 - 2006	11.39	22.42	10.38	1.36
2006 - 2007	13.91	38.31	42.77	39.51

资料来源：作者计算所得。

的亲贫困判定方法，1995 - 1996 年间同减贫经济增长率大于实际经济增长率，说明经济增长伴随着收入分配状况的改善，穷人从经济增长中获得的好处大于富人。但在 1996 - 1999、2000 - 2005 年间，同减贫经济增长率小于实际经济增长率甚至出现负值，经济增长反而使得贫困增长了。说明在经济增长的同时，收入分配状况急剧恶化，抵消了经济增长对减贫的正效应，这种意义上的经济增长对穷人而言是一种“贫困化增长”，也称之为“亲富增长”，这种增长需要引起减贫政策制定者的高度关注。1999 - 2000 年间，虽然实际经济增长率为负值，但同减贫经济增长率高于实际经济增长率，说明在经济衰退时，不平等状况下降使得穷人的损失小于富人，对穷人而言仍然是一种“亲贫困增长”。2000 - 2007 年，安徽农村贫困状况得到了大大改善，尤其是 2006 - 2007 年，同减贫增长率大于实际经济增长率，经济增长在增加农民收入的同时，收入分配也向有利于穷人的方向发展，穷人从经济增长中获得的好处大于富人，是一种“亲贫困增长”。

其次，高阶指数—贫困距比率、平方贫困距比率对经济增长的敏感度要大于贫困发生率（低阶指数），从图 8.10 中的曲线变动幅度就可看出。因此，当经济增长使得贫困人口减少时，一方面非贫困人口增加，另一方面贫困人口的收入也在增加，这就会使贫困人口相对于贫困线的缺口大大缩小。

相反，当经济衰退或不平等程度恶化引起贫困人口增多时，高阶贫困指数上升的也比较快，这时的减贫成本大幅度提高。

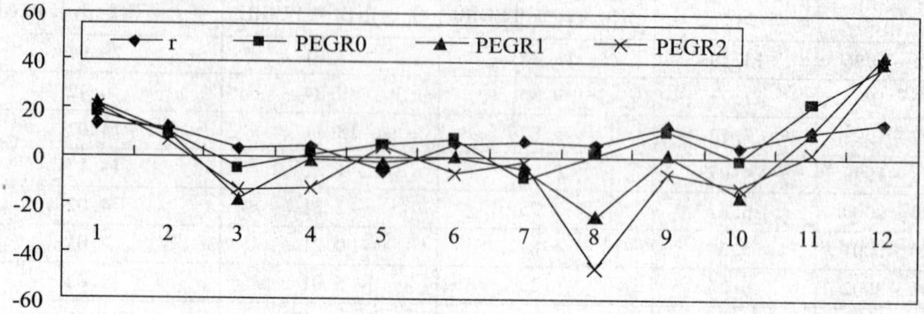

图 8.10　1995 - 2007 年安徽省实际经济增长率与同减贫增长率 PERG 的对比

再次，从图 8.10 可以看出，同减贫经济增长率的波动幅度要大于实际经济增长率的波动幅度，这说明贫困人口相对于非贫困人口，在面对自然灾害、市场价格波动等冲击时，由于缺乏财产收入、投资机会和其他渠道来规避风险，具有更大的脆弱性，容易陷入更深的贫困。对于政策制定者来说，在经济增长的同时，保持物价平稳、农民工工资的足额按时支付和宏观经济面的稳定，并通过补贴津贴、农村社会养老保障、农村基本医疗保障等再次分配和保障性政策来增强农民抵御各种冲击的能力，对减轻贫困人口的风险能够起到很好的效果。

使用 Kakwani、Khandker 和 Son（2004）提出的“同减贫经济增长率”衡量安徽省经济增长是否实现了亲贫困增长。研究结果表明：在 1996 - 1999、2000 - 2005 年间，安徽省经济增长是“亲富增长”，其他年份是“亲贫困增长”。由于同减贫经济增长率的波动幅度要大于实际经济增长率的波动幅度，所以要更多关注已脱离贫困人口再面对突如其来的自然灾害、意外变故后，再次陷入贫困的情况，努力培养这部分贫困人口抵御灾害的能力。

8.5　结论与政策建议

8.5.1　主要结论

本章将贫困县经济增长质量定义为有助于贫困降低、经济结构优化、资源环境可持续以及福利分配平等程度提升，从而维持自身稳定增长过程的模式。在这一概念框架下，对安徽省国家级贫困县经济增长质量与贫困进行了分析，回顾了安徽省经济增长与减贫成效，对安徽省贫困县经济增长质量减贫效应基于结构性角度进行了重点分析，然后分析了1995年以来安徽省经济增长的亲贫性。通过上述分析，得到以下主要结论：

1. 近10年来，安徽省国家级贫困县经济发展呈现持续增长态势，GDP增长率持续上升，与安徽省GDP整体增长率基本保持一致。甚至在2004年后，贫困县GDP增长率超过了安徽整体的GDP增长率。2009年，20个国家级贫困县（区）GDP增长率为12.48%。截至2009年末，全省20个国家级贫困县（区）共有贫困人口134.52万人，占全省贫困人口的53.67%，贫困发生率为7.55%。

2. 安徽省国家级贫困县的经济增长不仅大幅度减少了贫困人口，而且带来了贫困人口生活水平和质量的全面提高。主要表现为，农村基础设施不断加强，生产生活条件明显改善，农户饮用水困难基本得到解决，公共卫生及安全饮用水得到改善。农户教育、健康条件逐步改善，失学儿童比重有了显著的降低，有病农户能够及时就医的比重接近90%。

3. 2000年以来，贫困县经济结构发生了明显变化。其基本特征呈现为，国民经济增长与农民收入增长不再同步，政府、企业和农民之间收入分配不协调，农民收入增长缓慢。就业结构与产业结构的匹配程度偏低，农民收入结构不尽合理。目前，安徽省国家级贫困县财政收入在很大程度上依靠上级的补助，且税收收入中的间接税比例高达67%，过高比例的间接税造成税负的不公平和收入分配的不公平，不利于提高贫困人口的生活水平。

4. 对安徽省经济增长不同时期的亲贫困判定结果显示，1995－2007年间安徽的经济增长并不全是“亲贫困增长”，其中一些时期出现了“亲富增长”，同时，同减贫经济增长率的波动幅度要大于实际经济增长率的波动幅度，这说明贫困人口相对于非贫困人口，在面对自然灾害、市场价格波动等冲击时，由于缺乏财产收入、投资机会和其他渠道来规避风险，具有更大的脆弱性，容易陷入更深的贫困。

8.5.2 政策建议

1. 扶贫政策应加大对贫困农户的瞄准性和支持力度，需要提高对贫困农户扶贫项目资助的比例。贫困问题的根本解决是在保持一定收入增长的前提下，将更多的注意力放在解决收入不平等问题上。要最大限度地维护收入分配的公平性，实现更公平的经济增长，确保贫困农户从增长中获益，就需要使扶贫政策向贫困农户倾斜，实施专门针对贫困县贫困农户的扶贫计划，提高贫困农户获得收入的能力，从根本上提高贫困农户的收入，缩小收入差距。

2. 积极拓宽贫困县农户的收入来源渠道，优化农户收入结构。应注意以贫困县产业结构的协调发展、劳动力市场的完善来促进贫困县农民就业结构的合理配置，进而实现收入结构的优化。在今后一段时期内，应抓住工资性收入增长这个重点，进一步提高其比重。在劳动力转移、农业生产效率提高的前提下稳中有升地提高家庭经营收入水平，同时推动财产性收入、转移性收入水平逐步提高，增强贫困农户规避风险的能力。

3. 加快贫困县教育、医疗卫生、社会保障等社会事业的发展，提供更加公平的公共服务。认真落实教育扶贫的若干政策，完善教育投入保障机制，加强对贫困县学前教育的投资以及师资力量的配备；扩大农业技术技能的培训，使其掌握更多的生产能力。抓好贫困县乡镇基层卫生院和经济薄弱村公共卫生体系建设。加强社会保障制度建设，提高贫困县农村居民基本医疗保障制度覆盖面；普及和完善新型农村养老保险制度，使其具有较强的生存能力等，从根本上解决贫困者的贫困隐患。

4. 优化贫困县财政收支结构。政府可以通过适当的财政和税收手段调节收入差距，实现有利于贫困农户的财富分配。加大财政支出中的抚恤和社会福利救济、科学事业费、文教事业费和卫生事业费的支出，帮助贫困农户提高收入、人力资本水平，改善营养健康状况，发挥亲贫式经济增长。通过税制结构改革，提高直接税比例，减轻贫困人口的税负，使税负合理，发挥税收调节收入公平的作用。

5. 加大"参与式"扶贫模式中贫困群体的参与力度。尽管建立在广泛调查的基础上，但是政府部门在财力、物力、人力等方面的减贫措施与贫困群体的实际需求之间存在着偏差，从而影响减贫效果。立足于贫困群体的基本需求，给予贫困群体一定的话语权和决策权，同时，政府提供必要的资金、实物以及适当的组织、培训和技术服务，最终既可有效缓解贫困，又可强化贫困群体的资金管理能力、适应市场能力、协调组织能力，还可以激发贫困群体的主体意识及脱贫致富的积极性，实现"多赢"的目的。

第9章
结论与政策建议

9.1 主要结论

本书将经济增长质量定义为降低极端贫困，缩小经济结构失衡，保护环境，从而维持自身增长过程的模式。在这一概念框架下，全书对中国经济增长与减贫成就进行了回顾，对中国经济进行了结构分析，然后重点分析了2001年以来中国经济增长的利贫性和包容性。通过上述分析，得到以下主要结论：

1. 1978－2010年，中国成功实现了GDP年均近10%的增长，在短短三十多年，由一个积贫积弱的国家跃升为中等收入国家。GDP总量位居全球第二，贫困人口大规模减少。按照中国官方贫困线（1274元/年，2010年价格），2010 年农村贫困人口减少到 2688 万人，贫困发生率为 2.8%。

2. 中国的经济增长不仅大幅度减少了贫困人口（从收入或消费视角来看），而且带来了贫困人口生活水平和质量的全面提高。主要表现为，贫困人口耐用消费品不断增加，教育和健康不断改善，饮用水困难得到解决和安全饮用水得到改善，农村基础设施明显改善。到 2010 年，即使是国家贫困县，通公路的自然村比例达到 88.1%，通电的自然村比例达到 98.0%，通电话的自然村比例达到 92.9%，能接收电视节目的自然村比例达到 95.6%。这与其他发展中国家的贫困具有本质区别。

3. 中国大规模减贫的根本经验在于从自主创新的制度、农业生产的技术进步和开发式扶贫和社会保障体系大大减少了致贫的因素。在自主创新的制度方面，赋予农民生产、交换、流动的权利；通过农业生产的技术进步提高粮食产量；大规模的开发式扶贫培育农民自身的发展能力，农村的社会保障政策保障基本生存。不断提高的受教育年限和健康水平，促进人力资本的不断形成。其中自主的制度创新并赋予农民权利是中国大规模减贫的根本，农业的技术进步是基础，开发式扶贫和社会保障体系是保障。三个方面的结合形成了中国大规模减贫的根本经验。

4. 2001 年加入 WTO 之后，中国经济结构发生了明显变化。其基本特征呈现为，国民经济增长与城乡居民收入增长不再同步，政府、企业和居民之间收入分配不协调。居民收入增长缓慢，消费需求拉动经济增长不足。政府主导的固定资产投资比例仍然偏高。当前中国的间接税比例仍高达 61%，过高比例的间接税造成税负的不公平和收入分配的不公平，不利于提高贫困人口的生活水平。

5. 从全国农村来看，2000 - 2010 年经济增长是不利贫的。按照 4 个增长期来划分，2000 - 2002 年，2006 - 2008 年，2008 - 2010 年三个增长期不利贫，2003 - 2005 年增长期利贫。从收入结构来看，工资性收入、财产性收入和转移性收入是利贫的，但家庭经营性收入增长是不利贫的。这也在一定程度上反映了 2001 年以来，中国加入 WTO 之后对农村家庭经营的负面影响。全国农村增长的不利贫主要是因为宏观经济结构的不利贫造成的。2003 - 2005 年增长期利贫原因主要归功于农村税费改革等惠农政策的实施。2006 年以来，国家出台了许多惠农政策，对扭转宏观经济增长的不利贫性起到了十分重要的作用。否则，增长将更加不利于穷人。

6. 592个国家扶贫开发重点县经济增长是利贫的。在三个增长期中，前两个增长期，即2003－2005年和2006－2008年是利贫的；第三个增长期，2008－2010年是不利贫的。总的来说，592个重点县增长有利于穷人，说明过去十年国家扶贫开发的重要性以及成就。但需要指出的是，在三个增长期中，增长率收益逐期递减，金融危机以来（2008－2010年）出现增长率损失，即不利贫。国家扶贫开发重点县增长率收益递减，说明新阶段扶贫工作将面临更大的挑战。这将要求政府在更加宏观的层面上制定有利于穷人增长的政策。

7. 本研究把包容性增长界定为机会平等的增长，包括四个维度：可持续的增长，获得经济机会的公平，解决收入贫困以及收入公平，社会保障的价值公平。通过构建包容性增长指数，测量了1990－2009年中国包容性增长趋势，结果表明，20世纪90年代以来，中国经济增长的包容性取得了进步，经济增长迅速并且带来了就业增长，提高了人的基本能力和基础社会保障水平。但另一方面，中国包容性增长的进程是缓慢的，并且总体水平比较低，除了可持续经济增长、国家贫困线以下比例、健康和营养指标得分比较高，标准化得分在80以上，其他指标得分都比较低。特别值得注意的是，中国收入公平和城乡均衡发展方面的指标明显下降，发展机会的不平等成为我国经济包容性增长的巨大障碍。从增长阶段看，1990年至2000年包容性增长进步较快，2000年以来包容性增长进步较慢，这与利贫性测量的结果一致。

8. 中国经济增长引致的资源环境代价较高。这种较高代价主要表现在较高的健康成本和对可持续发展的影响上。

9.2 政策建议

1. 调整收入分配关系，加快城乡居民收入增长。一是调整政府、企业和居民三者之间的利益分配关系，加快城乡居民收入增长，使城乡居民收入与国民经济增长同步。二是调整地区之间的分配关系，动员政府、企业和非政府资源，促进东部发达地区的生产要素向中西部欠发达地区流动，促进地区间均衡发展。三是建立城市资本、信息、技术、人才等要素向农村流动的机制，加快农村发展步伐，扭转城乡发展差距与结构失衡。

2. 调整就业结构，加快第三产业发展。在第二产业进行产级结构升级的过程中，越来越趋向于技术和资本密集，这就要充分发挥第三产业就业的优势，创造更多的就业机会，实现经济增长包容性。一是加快城镇化建设，通过城镇化带动第三产业发展；二是创造有利于微型、小型服务业发展的制度环境；三是千方百计鼓励自我创业，特别要鼓励从事环境保护、减贫、教育、卫生等社会服务企业的创业与发展。

3. 改革税制结构，使税负更加公平。提高直接税比例，使直接税与间接税比例趋于合理。通过税制结构改革，减轻贫困人口的税负，提高贫困人口的消费能力，使税负合理，减少居民收入差距，发挥税收调节收入公平的作用。

4. 加大对微型企业的扶持力度，促进就业。微型企业具有创业成本低、就业弹性空间大、成果见效快等特点。微型企业的发展，有利于更多的失业人员和贫困人口有机会就业和发展，有利于缓解社会就业压力。因此，建议：各地方政府因地制宜，对微型企业的从业人数、注册资金、经营种类等进行科学合理的分类，提供相应的注册登记、税收和金融服务、共享技术服务平台等方面的指导和服务，促进微型企业发展。

5. 让贫困人口获得更加公平的公共服务，促进社会包容。在教育方面，加强政府对贫困地区学前教育和幼儿园教育的公共投资以及师资力量的配备；利用有条件的转移支付，支持大学生到贫困村支教；加大区域内教师资源的均衡配置，让贫困人口也能够享有比较公平的教育服务。打破教育资源的身份和等级固化代际传递。在卫生方面，加强贫困地区卫生人力资源的培训，开展有条件转移支付，鼓励医科大学生到贫困农村支医，缓解贫困地区卫生人力资源不足的局面。

6. 加大对贫困地区的开发力度，促进经济增长的利贫性和包容性。政府过去十年对592个国家扶贫开发重点县的扶贫开发，对促进经济增长的利贫性和包容性起到了十分积极的作用，加之大量的惠农政策，有效扭转了宏观经济结构的不利贫性。因此，建议：加大对14个连片特困地区的扶贫开发力度，促进连片特困地区区域经济更快地增长；加大对贫困县的扶持力度，促进贫困县经济又好又快增加；加大对贫困村的整村推进力度，特别是要将产业发展、基础设施、社会发展以及环境治理综合考虑。积极探索低保和扶贫两项制度有效衔接的机制，逐步完善农村社会保障。

7. 要从源头防治污染，从发展方式上找根源，加快调整经济结构，推动产业优化升级，切实改变资源消耗大、环境污染重的增长模式，全面控制污染物的产生。在关注减贫可能对环境造成的影响时，我们的减贫政策需要更加侧重于人力资源的开发。